Profit statt Moral

© 2007 ver.di Bildung + Beratung
Gemeinnützige GmbH, Düsseldorf

Autor: Jürgen Glaubitz
Redaktioneller Stand: September 2007

Titel und Gestaltung: punkt4.eu

ISBN 978-3-931975-45-6

Jürgen Glaubitz

Profit statt Moral

Inhaltsverzeichnis

Abkürzungsverzeichnis	7
Vorwort	10
Erstes Kapitel: Die Arbeit	
Zwischen Normalarbeitsverhältnis und prekärer Beschäftigung	13
Bevölkerung und Erwerbstätigkeit	13
Sektoraler Wandel	14
Produktivität – Fortschritt mit Pferdefuß	14
Vollzeitarbeitsplätze – ein Auslaufmodell?	16
Prekär in die Zukunft?	19
Aufschwung am Arbeitsmarkt?	21
Leiharbeit – eine Branche boomt	24
Die finanzielle Situation der Arbeitslosen	28
Auf der Rutsche in die Armut	32
Trotz Aufschwung weniger in der Tasche:	
Die Einkommen der abhängig Beschäftigten	32
Tarifeinkommen 2006 – per Saldo zu wenig	32
Die Entwicklung der Arbeitnehmereinkommen seit 1991	37
Niedriglöhne: Viele arbeiten für sehr wenig Geld	39
Altersarmut ist vorprogrammiert!	42
Arbeitsbedingungen im Shareholder-Kapitalismus	44
Flexibilisierung und Deregulierung auf allen Ebenen	44
Arbeitszeiten – so flexibel wie nie!	45
Die Zukunft der Rentner/-innen in Deutschland	48
Zweites Kapitel: Das Kapital	
Vom rheinischen Kapitalismus zum Turbo-Kapitalismus	53
Der Shareholder-Value-Ansatz	53
Neue Akteure: Die Heuschrecken	54
Was sind Hedge-Fonds?	55
Was sind Private-Equity-Fonds?	57
Privilegierte Heuschrecken	59
Die Struktur der Kapitalgeber	61
Der Turbo im Kapitalismus	64
Globalisierung – Fluch oder Segen?	65

Der deutsche Kapitalismus: Struktur und Funktionsweise 69
Wettbewerb und Marktmacht 71
„Geiz ist geil" – und die Folgen 73
Die Großen der deutschen Wirtschaft 74

Kapitaleinkommen – Die Konzerne verdienen prächtig 79
Gewinnentstehung: Rendite gegen Arbeitsplätze 80
Gewinnverwendung: Höchste Ausschüttung aller Zeiten 82
Managergehälter eilen davon 85
Pensionsansprüche der Vorstandsvorsitzenden 87
Die Gier der Manager 89
Die Vorstände: Täter oder Opfer? 90
Vermögend und mächtig: Die reichsten Deutschen 92

Macht und Herrschaft im Shareholder-Kapitalismus 94
Druckmittel Arbeitsplatz 94
Schmiermittel Korruption 95
Der ideologische Überbau 97
Von Meinungs-Machern und Meinungs-Mache 98

Drittes Kapitel: Die Verteilung
Geld kann eine Gesellschaft reich machen – oder spalten 101

Die Verteilung zwischen Arbeit und Kapital 103

Die personelle Einkommensverteilung 105

Armut und Reichtum in Deutschland 106
Die „neue" Armut 107
Kinderarmut 109
Berge von Schulden 111
Der „neue" Reichtum 112

Der Staat gibt's den Reichen 114
Unternehmenssteuerreform: Geschenke für die Konzerne 115
Umverteilung durch Mehrwertsteuererhöhung 116

Ökonomische Folgen der Verteilung 118

Die gesellschaftlichen Folgen der Verteilungskluft 119
Die Unterschichten-Debatte 121
Die verunsicherte Mitte 122
Der Ruf nach sozialer Gerechtigkeit 123
Von der Verteilungskluft zur Spaltung der Gesellschaft 126

Viertes Kapitel: Perspektiven
Es geht auch anders – Alternativen sind machbar! 129

Globalisierung sozial gestalten! 130
Positionen und Aktivitäten der Gewerkschaften 131

Das Finanzkapital muss kontrolliert werden! 134

Die soziale Verantwortung der Unternehmen 136
Corporate Governance 137
Corporate Social Responsibility 137
Initiativen für mehr soziale Verantwortung 139

Wege aus der Beschäftigungskrise 143
Stärkung des Wirtschaftswachstums 144
Arbeitszeitverkürzung: Wichtiger denn je! 145

Für eine Umverteilung von oben nach unten 150
Gewerkschaften: Verteilungsspielräume ausschöpfen 153
Nicht unter 7,50 Euro: Das Projekt Mindestlohn 154
Der Staat muss umverteilen – aber in die andere Richtung 159
Armut bekämpfen 161

Ausblick 163

Anhang
Tabellen 165
Literaturverzeichnis 173
Wichtige Internetadressen 182

Abkürzungsverzeichnis

ABM	Arbeitsbeschaffungsmaßnahme
AEntG	Arbeitnehmer-Entsendegesetz
AG	Aktiengesellschaft
Alg I	Arbeitslosengeld I
Alg II	Arbeitslosengeld II
Art.	Artikel
AÜG	Arbeitnehmerüberlassungsgesetz
BIP	Bruttoinlandsprodukt
BR	Betriebsrat
BSP	Bruttosozialprodukt
CDU	Christlich Demokratische Union
CGB	Christlicher Gewerkschaftsbund
CSR	Corporate Social Responsibility
DAX	Deutscher Aktienindex
DGB	Deutscher Gewerkschaftsbund
div.	diverse
DIW	Deutsches Institut für Wirtschaftsforschung
DRV	Deutsche Rentenversicherung
f.	folgende
FAS	Frankfurter Allgemeine Sonntagszeitung
FAZ	Frankfurter Allgemeine Zeitung
FES	Friedrich-Ebert-Stiftung
ff.	fortfolgende
Forbes	amerikanische Wirtschaftszeitschrift
FR	Frankfurter Rundschau
FTD	Financial Times Deutschland
GG	Grundgesetz
GKV	Gesetzliche Krankenversicherung
HB	Handelsblatt
HBS	Hans-Böckler-Stiftung

HF	Hedge-Fonds	
Hrsg.	Herausgeber/-in	
IAB	Institut für Arbeitsmarkt- und Berufsforschung	
IAT	Institut für Arbeit und Technik	
i.d.R.	in der Regel	
i.d.S.	in diesem Sinne	
ifo	Institut für Wirtschaftsforschung	
IGFB	Internationaler Bund der Gewerkschaften	
IGM	Gewerkschaft IG Metall	
ILO	Internationale Arbeitsorganisation	
IMK	Institut für Makroökonomie und Konjunkturforschung in der HBS	
INSM	Initiative Neue Soziale Marktwirtschaft	
isw	Institut für sozial-ökologische Wirtschaftsforschung	
IWF	Internationaler Währungsfonds	
k.A.	keine Angabe	
MEW	Marx Engels Werke	
Mill.	Millionen	
Mrd.	Milliarden	
NRW	Nordrhein-Westfalen	
NRZ	Neue Rhein Zeitung/Neue Ruhr Zeitung	
OB	Oberbürgermeister	
OECD	Organisation for Economic Co-operation and Development	
PEF	Private-Equity-Fonds	
PM	Pressemitteilung	
PSA	Personal-Service-Agentur	
PV	Pflegeversicherung	
RP	Rheinische Post	
RWI	Rheinisch-Westfälisches Institut für Wirtschaftsforschung	
S.	Seite/-n	
SPD	Sozialdemokratische Partei Deutschlands	
SV	Sozialversicherung	

SVR	Sachverständigenrat
SZ	Süddeutsche Zeitung
u.a.	unter anderem
u.Ä.	und Ähnliches
usw.	und so weiter
taz	Die tageszeitung
ver.di	Vereinte Dienstleistungsgewerkschaft
vgl.	vergleiche
VGR	Volkswirtschaftliche Gesamtrechnung
v.H.	von Hundert
WAZ	Westdeutsche Allgemeine Zeitung
WR	Westfälische Rundschau
WSI	Wirtschafts- und Sozialwissenschaftliches Institut in der HBS
WTO	Welthandelsorganisation
WZ	Westdeutsche Zeitung
z.B.	zum Beispiel

Vorwort

Der Kapitalismus feiert ein rauschendes Fest: Die Wirtschaft läuft auf Hochtouren, das Sozialprodukt wächst, die Exporte steigen kräftig und die Gewinne werden auch in diesem Jahr nochmals zulegen. Die „Profitrallye" der letzten Jahre geht also munter weiter. Und auch die Arbeitslosenzahlen sind gesunken – in manchen Branchen werden sogar schon Fachkräfte „verzweifelt gesucht". Einige sprechen schon von einem zweiten Wirtschaftswunder ...

Der Kapitalismus feiert ein rauschendes Fest, doch diejenigen, die den Reichtum erwirtschaften, sind nicht eingeladen. Trotz Aufschwung gibt es für die meisten Arbeitnehmer/-innen keine Realeinkommenszuwächse, trotz Rekordgewinnen sind die Arbeitsplätze nicht mehr sicher. Der Aufschwung geht an vielen vorbei! Viele Menschen können nicht einmal mehr sicher sein, mit ihrer eigenen Arbeit Lebenssicherheit herzustellen. Das Wirtschaftswunder erleben vor allem die gut verdienenden Konzerne. Sie zahlen weniger Steuern, haben geringere Lohnkosten und profitieren wie nie zuvor vom Welthandel.

Die Lebensverhältnisse driften immer mehr auseinander. Deutschland ist ein geteiltes Land: Ein Land mit immer mehr Reichen und immer mehr Armen. Bilder von Obdachlosen vor prächtigen Glitzerfassaden – daran haben sich die meisten schon gewöhnt. Für Moral scheint in der Wirtschaft kein Platz mehr zu sein. *„Cash is King"* in Deutschland. Ethische Werte werden von der Börse nicht honoriert. *„Profit statt Moral"* heißt es heute.

Nicht der Mensch steht im Mittelpunkt – er ist nur noch Mittel, um Gewinne zu machen. Menschen sind Kostenfaktoren, und Kosten müssen gesenkt werden. Im Februar 2005 strich die Deutsche Bank trotz eines Rekordgewinnes 6.400 Stellen. Die öffentliche Kritik war zwar groß, blieb aber ohne große Wirkung. Gefreut hat es die Anteilseigner, denn die Eigenkapitalrendite schoss auf über 40 Prozent in die Höhe. Andere Konzerne eiferten dem schlechten Beispiel nach.

Profit statt Moral. In Deutschland steigt die Zahl der Millionäre und der Superreichen – gleichzeitig gibt es immer mehr Armut. Während der Reichtum in der Spitze überdurchschnittlich anwächst, breitet sich auf der anderen Seite ein riesiger Niedriglohnsektor aus. Langzeitarbeitslose werden „abgehängt", die Zahl armer Kinder ist auf zwei Millionen angewachsen. Während (Neu-)Reiche oft nicht wissen, wohin mit ihrem vielen Geld, bleibt Hartz-IV-Familien für die Ernährung eines Kindes ein Betrag von 2,55 Euro täglich.

Profit statt Moral. Während sich Deutschlands Konzerne in Hochglanzbroschüren selbst loben und ihr soziales Engagement herausstellen, verweigern sie ihren Belegschaften eine angemessene Beteiligung am wirtschaftlichen Erfolg. Das Klima in den

Betrieben ist rau geworden. Soziale Verantwortung wird zum Fremdwort – Ethik und Wirtschaft verhalten sich oft wie feindliche Brüder.

Die meisten Deutschen sind verdrossen und unzufrieden. 59 Prozent beklagen, dass sie vom Aufschwung kaum oder gar nicht profitieren, und 62 Prozent sind der Meinung, dass das vorherrschende Wirtschaftssystem alles andere als sozial sei. Drei Viertel der Deutschen finden, dass die Regierung zu wenig für die soziale Gerechtigkeit tue. Verunsicherung und Angst reichen bis in die Mittelschichten hinein, gleichzeitig nimmt die Sensibilität gegenüber Werten und Wertverstößen zu.

Im Folgenden wollen wir über die Hintergründe der wirtschaftlichen und sozialen Entwicklung in Deutschland informieren. Wir untersuchen, was den „Faktor" Arbeit schwächt und warum das Kapital derzeit so stark und dominierend ist. Wir analysieren, welche Folgen die wachsende Verteilungsschieflage hat. Und wir zeigen schlussendlich auf, was man tun kann, um dieser Entwicklung wirksam entgegenzutreten.

Das lange Zeit vorherrschende Normalarbeitsverhältnis wird allmählich zum Auslaufmodell – dafür boomt die prekäre Beschäftigung. Während der Gesellschaft die Arbeit ausgeht, wird die Arbeitszeit der Vollzeitbeschäftigten noch verlängert – während andere verzweifelt einen Job suchen müssen. Überstundenberge und ein Heer von Arbeitslosen, so sieht die Realität im Jahr 2007 aus. Die Massenarbeitslosigkeit schwächt die Verhandlungsposition der Gewerkschaften – die Einkommen der abhängig Beschäftigten stagnieren. Diejenigen, die den gesellschaftlichen Reichtum produzieren, verfügen heute über weniger Kaufkraft als Anfang der 1990er Jahre. Und Millionen von Menschen werden in den Niedriglohnsektor gedrängt – Minilöhnen im Erwerbsleben folgt dann die Quittung im Alter: Vielen Rentnerinnen und Rentnern droht die Altersarmut.

In Deutschland hat sich ein Wechsel vom Rheinischen Kapitalismus zum Shareholder-Kapitalismus vollzogen. Im Mittelpunkt steht allein der kurzfristige Profit – Menschen sind hier lediglich Kostenfaktoren. Das Auftreten neuer Akteure, der sogenannten „Heuschrecken", hat die Konflikte verschärft – die Fonds wirken wie ein Turbo, der die Drehzahl der Kapitalismusmaschine ständig erhöht. Die Beschäftigten zahlen die Zeche, Rekordgewinne werden durch Stagnation der Löhne, Leistungsverdichtung und Arbeitsplatzabbau „erwirtschaftet". Durch die Globalisierung sind diese Prozesse internationalisiert worden.

In Deutschland gibt es über drei Millionen Unternehmen, die Musik wird aber von einer kleinen Zahl mächtiger – weltweit agierender – Konzerne gemacht. Wir zeigen, wer auf den Märkten den Ton angibt, wer über die Marktmacht verfügt, wir untersuchen, wer im Hintergrund die Fäden zieht. Die Hauptakteure in der Auseinandersetzung um Profit und Arbeitsplätze sind heute die Manager der Kapitalgesellschaften. Moralische

Werte spielen bei ihnen kaum noch eine Rolle. Sie versuchen, ihre einseitigen Entscheidungen mit den Zwängen der Globalisierung zu rechtfertigen ...

Die Verteilung von Einkommen und Vermögen ist ein zentrales gesellschaftliches Thema. Es geht dabei nicht nur um „Monetäres", sondern auch um die Zuteilung von Lebenschancen. Und es geht um Macht, denn wer über viel Geld verfügt, kann Richtung und Tempo des Wirtschaftens bestimmen. Geld kann ein Land reich machen – oder spalten! Armut ist die bittere Kehrseite im immer noch sehr reichen Deutschland. Und wachsende Kinderarmut ist der wohl traurigste Befund aus einem Land, das derzeit die höchsten Profite unter den führenden Industrienationen einfährt! Deutschland ist ein in mehrfacher Hinsicht gespaltenes Land. Die Verteilung zwischen Arbeit und Kapital driftet immer weiter auseinander – aber auch „innerhalb der Klasse" tun sich gefährliche Risse auf. Die gesellschaftlichen Folgen der Verteilungskluft sind enorm und werden in der Gesellschaft zunehmend als Problem wahrgenommen. Die Menschen sind unzufrieden, sie sehnen sich nach mehr Gleichheit. Der Ruf nach sozialer Gerechtigkeit wird lauter!

Allmählich wächst in Deutschland aber nicht nur die Unzufriedenheit mit der vorherrschenden Entwicklung. Es wächst auch die Bereitschaft, etwas dagegen zu tun. Dafür sprechen die zahlreichen Demonstrationen und die härter geführten Tarifauseinandersetzungen der letzten Zeit. Denn die ökonomischen und sozialen Fehlentwicklungen sind nicht gottgewollt oder naturgegeben – sie sind von Menschen gemacht. Was von Menschen gemacht wurde, kann auch von Menschen verändert werden! Im letzten Kapitel untersuchen wir, welche Möglichkeiten es gibt, die Globalisierung sozial zu gestalten und das Finanzkapital wirksam zu kontrollieren. Wir zeigen, welche Ansatzpunkte es gibt, um mehr soziale Verantwortung in den Unternehmen durchzusetzen. Wir diskutieren, wie sich die Massenarbeitslosigkeit am ehesten bekämpfen lässt. Und wir untersuchen schlussendlich die Möglichkeiten und Instrumente einer Umverteilung von oben nach unten. Denn wir brauchen in Deutschland eine neue soziale und ökonomische Balance – sonst reißt es das Land auseinander.

Erstes Kapitel: Die Arbeit

„Geht es um das Einkommen, ist Deutschland ein geteiltes Vaterland."
Stern Nr. 29/2007

Zwischen Normalarbeitsverhältnis und prekärer Beschäftigung

Schlägt man heute eine Wirtschaftszeitung auf, dann ist dort viel über Kapital, Gewinn, Managervergütungen und Aktienkurse zu lesen. Über die, die diesen Reichtum schaffen, erfährt man wenig. Sie kommen in der Regel kaum vor. Dabei ist es die Arbeit vieler Menschen, die diese Werte schafft. Arbeit ist die Grundlage des Wirtschaftens. Durch die menschliche Arbeitskraft werden tagtäglich neue Güter und Dienstleistungen geschaffen. Die Arbeitskraft ist die Quelle allen Reichtums – ohne die Beschäftigten läuft in Deutschland gar nichts.
Der „Faktor" Arbeit hat eine zentrale gesellschaftliche Bedeutung. Allerdings haben sich in den letzten Jahren tiefgreifende Veränderungen vollzogen – mit weitreichenden Auswirkungen auf die einzelnen Betroffenen, aber auch für die Beschäftigung insgesamt.

Bevölkerung und Erwerbstätigkeit

Statistisch gliedert sich die deutsche Bevölkerung in Erwerbspersonen und Nicht-Erwerbspersonen. Gut die Hälfte der Deutschen zählt zur Gruppe der Erwerbspersonen, also zur Erwerbsbevölkerung. Die Erwerbspersonen wiederum teilen sich in Erwerbstätige und Erwerbslose auf. Als Erwerbstätige werden diejenigen registriert, die selbstständig oder in abhängiger Stellung zu Erwerbszwecken einen Beruf ausüben. Zu den Erwerbslosen werden diejenigen gezählt, die normalerweise im Erwerbsleben stehen, zum Zeitpunkt der Zählung jedoch arbeitslos sind, sowie noch nicht im Erwerbsprozess eingegliederte Schulentlassene. Die Erwerbstätigkeit hat sich seit Anfang der 1990er Jahre wie folgt entwickelt:

Bevölkerung und Erwerbstätigkeit (1991/2000/2006) – Angaben in Millionen

	1991	2000	2006
Bevölkerung	80,0	82,4	82,4
Erwerbspersonen	40,6	41,8	42,4
Erwerbslose	2,0	3,1	3,4
Erwerbstätige	38,6	38,8	39,0
– Arbeitnehmer/-innen	35,1	34,9	34,6
– Selbstständige	3,5	3,9	4,4

Quelle: Statistisches Bundesamt, VGR, Tabelle 2.1.11 (Erwerbslose nach EU-Standard – deshalb Abweichung zur Arbeitslosenstatistik)

Parallel zur Bevölkerung ist auch die Zahl der Erwerbspersonen gestiegen, allerdings ist die Anzahl der Erwerbstätigen nahezu konstant geblieben, nennenswerte Steigerungsraten verzeichneten nur die Erwerbslosen und die Selbstständigen.

Sektoraler Wandel

Seit Anfang der 1990er Jahre findet ein massiver sektoraler Wandel statt. Dies hat zu gravierenden Verschiebungen in der Struktur der Erwerbstätigen geführt. Mehrere Wirtschaftsbereiche (Land- und Forstwirtschaft, Fischerei, Produzierendes Gewerbe und Baugewerbe) haben im großen Maßstab Stellen abgebaut – während die Zahl der Erwerbstätigen in den Dienstleistungsbereichen erheblich gewachsen ist.

Von den Anteilen der Beschäftigung her betrachtet ist Deutschland heute eine Dienstleistungsgesellschaft – allerdings spielt der industrielle Sektor (vor allem die großen Industriekonzerne) nach wie vor auf vielen Feldern eine dominierende Rolle.

Die Verschiebungen der Beschäftigung haben Auswirkungen auf das Lohngefüge und die Einkommensentwicklung in Deutschland. In dem Maße, wie der Dienstleistungssektor an Bedeutung gewinnt, haben auch niedrig bezahlte Jobs und Teilzeitarbeit zugenommen. Die *„Große Hoffnung des 20. Jahrhunderts"*, wie Fourastie Mitte der 1950er Jahre das Wachstum des Dienstleistungssektors einmal bezeichnete, hat sich zumindest hinsichtlich der Qualität der Beschäftigung nicht erfüllt (vgl. dazu Baethge/Wilkens).

Produktivität – Fortschritt mit Pferdefuß

Für die Ermittlung, wie viel Arbeit nachgefragt wird, müssen mehrere Faktoren zugrunde gelegt werden, ausschlaggebend sind dabei vor allem die Entwicklung des BIP (Wachstum) und die Produktivitätsentwicklung.

Ist die Produktivität höher als das Wachstum, so bedeutet das, dass mit weniger menschlicher Arbeitskraft das gleiche Sozialprodukt erzeugt werden kann. Damit mehr Arbeit nachgefragt wird, muss die Wachstumsrate über der der Arbeitsproduktivität liegen. Man spricht dabei von der sogenannten Beschäftigungsschwelle.

In den 1990er Jahren war die Arbeitsproduktivität im Durchschnitt höher als das Wachstum. In der Folge sank das Arbeitsvolumen (Zahl der geleisteten Arbeitsstunden) um rund sechs Prozent. Dieser Trend hält an: Zwischen 2000 und 2006 ist das Bruttoinlandsprodukt um 6,1 Prozent gestiegen, gleichzeitig ist die Produktivität je Erwerbstätigenstunde um 9,0 Prozent gesteigert worden. Wie die folgende Aufstellung zeigt, ist die Zahl der geleisteten Arbeitsstunden der Arbeitnehmer/-innen seit Anfang der 1990er Jahre um fast zehn Prozent zurückgegangen.

Arbeitsproduktivität

Die Arbeitsproduktivität drückt die Leistung bzw. die „Ergiebigkeit" des Faktors Arbeit aus. Je höher die Arbeitsproduktivität, desto mehr haben die Arbeitnehmer/-innen in diesem Jahr geleistet.

Arbeitsproduktivitätssteigerungen können durch Leistungsverdichtung, Personalabbau, Veränderungen der Personalstruktur (Stundenabbau) und durch Rationalisierungsinvestitionen bewirkt werden. Diese haben die gleiche produktivitätssteigernde (und kostensenkende) Wirkung wie Personalabbau. In der Konsequenz heißt das nämlich, dass alle Beschäftigten mehr leisten müssen.

Dass eine Volkswirtschaft immer weniger Arbeit aufwenden muss, um einen bestimmten Wohlstand zu produzieren, ist gesellschaftlich betrachtet ein großer Fortschritt. Die Frage ist aber, wie die vorhandene (weniger werdende Arbeit) verteilt wird.

Geleistete Arbeitsstunden Erwerbstätige/Arbeitnehmer (1991/2006)

Jahr	Geleistete Arbeitsstunden aller Erwerbstätigen (inkl. Selbstständige)	Geleistete Arbeitsstunden der Arbeitnehmer/-innen
1991	59,8 Mrd. Stunden	51,9 Mrd. Stunden
2006	56,1 Mrd. Stunden	47,0 Mrd. Stunden
2006 zu 1991	- 6,2 Prozent	- 9,5 Prozent

Quelle: Statistisches Bundesamt, VGR, Tabelle 2.1.12/Eigene Berechnungen

Produktivität – eine Medaille mit zwei Seiten

Produktivitätszuwachs bedeutet einerseits Fortschritt, weil mehr Güter und Dienstleistungen hergestellt worden sind. Gleichzeitig bedeutet Produktivitätszuwachs aber auch, dass immer weniger Arbeitskraft gebraucht wird, um den gleichen „Output" zu produzieren.

Die Gewerkschaften haben in der Vergangenheit entscheidend dazu beigetragen, dass die Arbeitszeit (der Vollbeschäftigten) verkürzt wurde. Maßnahmen waren u.a. die Einführung der Fünf-Tage-Woche, Verkürzung der tariflichen Wochenarbeitszeit und die Verlängerung des tariflichen Urlaubs. Ohne diese – meist mühsam – erkämpften Erfolge läge die aktuelle Arbeitslosigkeit wesentlich höher.

Allerdings ist die Verteilung der vorhandenen Arbeit heute alles andere als gerecht. Die Vollbeschäftigten teilen sich 85 Prozent des Arbeitsvolumens, die Teilzeitbeschäftigten den „Rest", für die Erwerbslosen bleibt nichts. Gelänge es, den Produktivitätsfortschritt gesellschaftlich solidarisch zu nutzen, dann könnten *alle* kürzer arbeiten. Die Realitäten sehen aber bekanntlich anders aus. Wir erleben eine zunehmend ungerechtere Verteilung der Arbeit(szeit): Statt die vorhandene Arbeitszeit auf mehr Schultern zu verteilen, werden derzeit viele (Vollzeit-)Beschäftigte zu Mehrarbeit und Verlängerung der tariflich vereinbarten Arbeitszeit genötigt. Umso weniger Arbeit bleibt für die anderen.

Diese Entwicklung ist in mehrfacher Hinsicht problematisch. Zum einen verwehrt dies Vielen den Zugang zu mehr Erwerbsarbeit und damit zu einem ausreichenden Einkommen, zum anderen vertieft dies die Gräben innerhalb der Arbeitnehmerschaft.

Was sagt Karl Marx dazu?

„Durch die Steigerung der Arbeitsproduktivität, d.h. vor allem durch Anwendung verbesserter Technik, versucht jedes Kapital möglichst viel von seiner angewandten Arbeitskraft überflüssig zu machen."

„Die steigende Produktivkraft der Arbeit erzeugt also, auf kapitalistischer Grundlage, mit Notwendigkeit eine permanente scheinbare Arbeiterüberbevölkerung."

Vollzeitarbeitsplätze – ein Auslaufmodell?

In der Arbeitnehmerschaft haben sich in den letzten Jahren einige tiefgreifende strukturelle Veränderungen vollzogen. Von zentraler Bedeutung ist zum einen der starke Rückgang der sozialversicherungspflichtigen Beschäftigung:

Entwicklung der sozialversicherungspflichtigen Beschäftigung (1992/2000/2005)

Jahr	Beschäftigte insgesamt (in 1.000)	Männer	Frauen
1992	29.325	16.795	12.530
2000	27.826	15.544	12.282
2005	26.178	14.286	11.892
2005/1992	- 3.147	- 2.509	- 638

Quelle: BMA, Statistisches Taschenbuch 2006, Tabelle 2.6 A

Im Zeitraum zwischen 1992 und 2005 ist die sozialversicherungspflichtige Beschäftigung um mehr als drei Millionen zurückgegangen. Besonders betroffen von dieser Entwicklung waren männliche Vollzeitbeschäftigte. Dieser negative Trend wurde 2006 gestoppt und konnte 2007 leicht umgekehrt werden. Zuletzt meldete die Arbeitsagentur 26,9 Millionen sozialversicherungspflichtig Beschäftigte, rund eine halbe Million mehr als ein Jahr zuvor. Das ist sicherlich erfreulich, unter dem Strich bleibt aber ein massiver Verlust an sozialversicherungspflichtiger Beschäftigung bestehen. Zudem handelt es sich bei einem Großteil der neu geschaffenen Arbeitsplätze um Teilzeitjobs und Leiharbeit. So hat der Abbau der sozialversicherungspflichtigen Beschäftigung während der letzten 15 Jahre nachhaltig tiefe Spuren in den Systemen der sozialen Sicherung hinterlassen.

Immer mehr Teilzeitbeschäftigung

Ein weiteres großes beschäftigungspolitisches Thema ist das zunehmende Wachstum der Teilzeitbeschäftigung. Seit 1991 hat sich das Verhältnis von Vollzeit- und Teilzeitbeschäftigung in dramatischer Weise zu Lasten der Vollzeitjobs verschoben. Dabei sind in diesem Zeitraum über sechs Millionen Vollzeitarbeitsplätze vernichtet worden. Während 1991 noch 84 Prozent aller Arbeitnehmer/-innen einen Vollzeitjob innehatten, waren es 2005 nur noch 67 Prozent.

Arbeitnehmer/-innen in Voll- und Teilzeitbeschäftigung (1991/2000/2006)

Jahr	Arbeitnehmer/-innen in 1.000	Vollzeitbeschäftigte in 1.000	Teilzeitbeschäftigte in 1.000
1991	35.101	29.577	5.525
2000	35.229	25.650	9.579
2005	34.428	23.274	11.154
1991/2005	- 673	- 6.303	+ 5.629

Quelle: BMA, Statistisches Taschenbuch 2006, Tabelle 2.5 A/Eigene Berechnungen

Dieser Trend hält weiter an. Im Jahr 2006 arbeiteten bereits 11,5 Millionen Menschen in Teilzeit, ihre durchschnittliche Arbeitszeit betrug 14,3 Wochenstunden. Damit stellen sie zwar ein Drittel aller Erwerbstätigen, verfügen aber nur über rund 15 Prozent des gesamten Arbeitsvolumens.

Immer mehr Minijobs

Überdurchschnittlich war das Wachstum der geringfügig Beschäftigten (Minijobs). Diese sind aus der Sicht der Arbeitgeber besonders „attraktiv", weil sie einen Arbeitseinsatz mit einer hohen zeitlichen Flexibilität bei geringerer Kostenbelastung ermöglichen. Die Expansion der Minijobs hat aber nicht – wie ursprünglich behauptet – zur Ergänzung der regulären Beschäftigung geführt, sondern wesentlich zur Verdrängung von sozialversicherungspflichtigen Vollzeitjobs beigetragen.

Beispiel:
Im Einzelhandel hat seit Mitte der 1990er Jahre eine Verdrängung der sozialversicherungspflichtigen Beschäftigung durch den massiven Einsatz von Minijobs stattgefunden. In verschiedenen Vertriebsformen, z.B. bei den Discountern, stellen die Minijobber oft schon die Mehrheit der Beschäftigten. Gleichzeitig werden qualifizierte Jobs vernichtet. Seit 2000 sind im Einzelhandel 250.000 Vollzeitarbeitsplätze abgebaut worden.

Strukturverschiebungen bei der Beschäftigung im deutschen Einzelhandel (1994–2006)

Beschäftigungsform	1994	2006
Vollzeit	55,9	47,6
Sozialversicherungspflichtige Teilzeit	29,5	25,0
Geringfügige Beschäftigung	14,6	27,4

Quellen: Glaubitz, Hoffnungsträger, S. 197/WABE-Institut, Branchendaten 2006

Das Wegbrechen der sozialversicherungspflichtigen Beschäftigung kommt nicht von ungefähr. Ich-AGs, Minijobs, Leiharbeit und Ein-Euro-Jobs wurden in den Hartz-Gesetzen ausdrücklich als Instrumente zur *„Halbierung der Arbeitslosigkeit"* herausgestellt und politisch gefördert.

„Olympiareife" Mannschaften

Die Unternehmer haben die Gunst der Stunde genutzt, um die Belegschaftsstrukturen zu ihrem Vorteil umzubauen: In den zurückliegenden Jahren haben sie auch die Altersstruktur in den Firmen drastisch verändert. Neben der Umsetzung der Vorruhestandsregelungen ist dies vor allem durch eine teilweise rüde Personalpolitik in vielen Firmen geschehen. Mehr als die Hälfte der Unternehmen in Deutschland beschäftigt heute keine Arbeitnehmer/-innen über 50 Jahre mehr. Ein gesellschaftlicher Skandal erster Ordnung! Die Belegschaften sind massiv „verjüngt" worden. Gerade einmal 45 Prozent der über 55-jährigen sind heute noch beschäftigt. In vielen Betrieben trifft man nur noch „olympiareife" Belegschaften an.

Die Unternehmer haben sich in den letzten Jahren ihr Personal in flexible, junge und oft schlecht bezahlte Belegschaften umgebaut – zum Vorteil der Rendite, zum Nachteil von Millionen Beschäftigten und zu Lasten der Sozialsysteme.

Prekär in die Zukunft?

Der Trend zur Ausweitung atypischer Beschäftigungsverhältnisse wird sich in Zukunft fortsetzen. Dafür spricht allein schon die Tatsache, dass die Politik diese Beschäftigungsverhältnisse fördert. Nach einer Untersuchung von Prof. Dörre und anderen für die Friedrich-Ebert-Stiftung ergab sich für das Jahr 2004 ein Verhältnis von Normalarbeitsverhältnissen zu atypischen Arbeitsverhältnissen von 71 Prozent zu 29 Prozent. Zwischenzeitlich hat sich dies deutlich weiter zu Ungunsten der Normalarbeitsverhältnisse verschoben.

Es zeigen sich dabei einige deutliche Unterschiede zwischen West und Ost:

Atypische Arbeitsverhältnisse (in Prozent)

Atypische Arbeitsverhältnisse	Westdeutschland	Ostdeutschland
Befristete Arbeit (ungefördert)	5,0	6,0
ABM u.a.	0,1	1,5
Midijobs	3,0	4,0
Minijobs	12,0	7,0
Leiharbeit	1,0	0,8
Teilzeitarbeit*	7,0	9,0
Kurzarbeit	0,5	0,5

* ohne Mini- und Midijobs

Quelle: böcklerimpuls 17/2006, S. 5

Diese Entwicklung hat vielfältige, negative Konsequenzen. *„In dem Maße, in dem dieser Kurs fortgesetzt wird, verschärfen sich die Probleme der Systeme sozialer Sicherung"* (Keller/Seifert, S. 239).

Atypische Beschäftigung und soziale Sicherung

Beschäfti-gungsform	Teilzeit	Gering-fügigkeit	Befristet	Leih-arbeit	Ich-AG
Kranken-versicherung	ja	keine eigen-ständigen Ansprüche	ja	ja	freiwillig
Arbeitslosen-versicherung	anteilig	nein	Ansprüche erst ab 12 Monaten	ja	begrenzte Aufrecht-erhaltung des Versicherungs-schutzes sowie freiwillige Versicherung
Renten-versicherung	im Prinzip anteilig	anteilig	ja	ja	pflicht-versichert mit reduziertem Beitrag

Quelle: Keller/Seifert, S. 238

Wir leben in einer verkehrten Welt: Das Arbeiten in Vollzeit, unbefristet und sozialversichert, wird zur Ausnahme. Dagegen scheinen Teilzeit, befristete und geringfügige Beschäftigungen immer mehr zur Regel zu werden. Die Bundes-regierung hat diese Entwicklung gezielt mit ihrer Deregulierungs- und Flexibili-sierungspolitik gefördert.

Prekäre Beschäftigung (auch: atypische Beschäftigung)
Unter prekärer (prekär = unsicher, schwierig) Beschäftigung bzw. Prekarisierung versteht man die seit den 1980er Jahren wachsende Zahl „untypischer", weitgehend ungeschützter Beschäftigungsverhältnisse in der Arbeitswelt. Dazu zählen u.a. befristete Arbeitsverträge, Leiharbeit, Zeitarbeit, (Schein-)Selbstständigkeit, Niedriglohnjobs, sinkender Kündigungsschutz u.Ä. Dem steht der Rückgang unbefristeter Vollzeitbeschäftigungsverhältnisse gegenüber. Dieses sogenannte Normalarbeitsverhältnis basiert auf gesetzlichen Schutzrechten, kollektiven Tarifleistungen und verschiedenen betrieblichen Vergünstigungen (Betriebsrenten, Sozialpläne, Qualifizierungsmaßnahmen).

Die Prekarisierung ist ein Ausdruck der fortschreitenden gesellschaftlichen Tendenz zur Umwälzung der gesamten Arbeits- und Lebensverhältnisse. Die Lebensumstände der von Prekarisierung betroffenen Menschen sind zumeist sehr unbefriedigend. Der Begriff hat insbesondere im Zusammenhang mit der Debatte um „Unterschichten" wieder an Bedeutung gewonnen. In der viel zitierten Studie der Friedrich-Ebert-Stiftung „Gesellschaft im Reformprozess" werden acht Prozent der Deutschen zur Schicht des „abgehängten Prekariats" gerechnet. Mit dem Begriff Prekariat wird die Bezeichnung prekär und Proletariat verbunden. Der Begriff geht auf den französischen Wissenschaftler Pierre Bourdieu (1930–2002) zurück.

Aufschwung am Arbeitsmarkt?

Seit Mitte der 1990er Jahre hat sich die Arbeitslosigkeit in Deutschland auf einem hohen Niveau verfestigt. Der vorerst höchste Stand wurde im Februar 2005 mit 5,3 Millionen erreicht. In Folge des konjunkturellen Aufschwungs seit Mitte 2006 findet eine spürbare Verbesserung am Arbeitsmarkt statt. Von einer Halbierung der Arbeitslosigkeit kann aber nicht die Rede sein, im August 2007 wurden immer noch 3,7 Mio. registrierte Arbeitslose gezählt.

Registrierte Arbeitslose in Deutschland (2000–2006) – Jahresdurchschnitt

Jahr	Registrierte Arbeitslose in 1.000	Arbeitslosenquote	Langzeitarbeitslose in 1.000
1991	2.602	7,3	455
2000	3.889	10,7	1.454
2002	4.060	10,8	1.369
2004	4.381	11,7	1.681
2006	4.487	12,0	1.911

Quelle: Statistisches Bundesamt

Seit die Zahl der Arbeitslosen unter die Vier-Millionen-Grenze gefallen ist, werden die monatlichen Arbeitsmarktdaten fast schon wie Siegesnachrichten verkündet. War in den letzten Jahren der „Bericht aus Nürnberg" so etwas wie die monatliche Schreckensmeldung, so wird dies heute wie ein Festtag zelebriert. Ganz so, als stünde Deutschland kurz vor der Vollbeschäftigung. Es scheint, als habe die Zahl ihren Schrecken verloren!

So erfreulich die aktuelle Entspannung auch ist, so dramatisch stellt sich die Lage am Arbeitsmarkt bei nüchterner Betrachtung immer noch dar:

- Fakt ist, dass 3,7 Millionen Menschen als arbeitslos registriert sind – das sind mehr Menschen, als Berlin Einwohner hat.
- Fakt ist, dass die regionale Spaltung am Arbeitsmarkt erhalten bleibt – die Spanne reicht von 4,8 Prozent (Baden-Württemberg) bis 15,8 Prozent (Mecklenburg-Vorpommern). Auch in bestimmten Regionen Westdeutschlands verharrt die Arbeitslosigkeit weiterhin auf extrem hohem Niveau, z.B. im Ruhrgebiet.
- Während die Kurzzeitarbeitslosigkeit (maximal ein Jahr) heute weniger als ein Drittel ausmacht, verfestigt sich die Langzeitarbeitslosigkeit und wird zu einem mehr und mehr belastenden Problem. Besonders dramatisch ist die Situation der rund 500.000 Menschen, die bereits mehrere Jahre ohne Beschäftigung sind.
- Der Aufschwung am Arbeitsmarkt geht an den Hartz-IV-Empfängerinnen/-Empfängern weitgehend vorbei: *„Die verbesserte Vermittlung und Betreuung von Arbeitslosen konzentriert sich auf die Arbeitslosenversicherung (SGB III-Rechtskreis) mit vorwiegend Kurzzeitarbeitslosen."*
- *„Im Fürsorgesystem Hartz IV kumulieren die Probleme, während im immer ‚schlanker' werdenden Versicherungssystem eine zweifelhafte Reformdividende anfällt"* (DGB, Arbeitsmarktpolitik, S. 2).
- Nach einer Untersuchung des Instituts für Makroökonomie (IMK) hat der Aufschwung in Deutschland bisher weniger neue Beschäftigung gebracht als der Aufschwung in den Boomjahren 1998 und 2000. In erster Linie würden lediglich die Arbeitsstunden derjenigen erhöht, die bereits arbeiten. Der Arbeitsaufbau erreicht danach nicht annähernd die Dynamik der letzten beiden Aufschwungjahre (IMK, S. 7).

Ausgewählte Strukturdaten zur Arbeitslosigkeit – Juli 2007

	absolut
Arbeitslose gesamt	3.715.019
Arbeitslose über 50 Jahre (26,0 %)	965.609
Arbeitslose über 55 Jahre (12,5 %)	465.205
Arbeitslose unter 25 J. (11,5 %)	426.147
Arbeitslosenquote Ost	14,7
Arbeitslosenquote West	8,9

Quelle: Bundesagentur, Arbeitsmarkt, S. 25

Der Sockel der Arbeitslosigkeit ist nach wie vor sehr hoch. Es wird entscheidend sein, ob er im Laufe der weiteren konjunkturellen Entwicklung merklich abgetragen werden kann. Gelingt dies nicht, würden wir aus dem nächsten Abschwung mit einer höheren Sockelarbeitslosigkeit hervorgehen als in früheren Konjunkturzyklen. Dies hätte fatale Folgen.

Über Arbeitslosigkeit wird zwar viel debattiert, es wird aber kaum etwas getan, um sie wirklich zu bekämpfen. Das muss nicht verwundern, denn einflussreichen Gruppen kommt die Situation sehr zupass:

- Das Kapital profitiert von der Massenarbeitslosigkeit. Ein Arbeitslosenheer von 3,7 Millionen Menschen stärkt die Macht der Unternehmer und schwächt die gewerkschaftliche Verhandlungsposition. Das hat weitreichende Auswirkungen in Betrieb, Wirtschaft und Gesellschaft.
- Die weitverbreitete Angst, arbeitslos zu werden und in Hartz IV zu rutschen, erweist sich als ein äußerst wirksames Disziplinierungsinstrument. Vieles wird geschluckt – in der Hoffnung, dass der Kelch (der Arbeitslosigkeit) an einem vorbeigeht. Oft hat sich dies in der jüngeren Vergangenheit aber als Trugschluss erwiesen ...

Was sagt Karl Marx dazu?
"Wenn aber eine überschüssige Arbeiterbevölkerung notwendiges Produkt der Akkumulation oder der Entwicklung des Reichtums auf kapitalistischer Grundlage ist, wird diese Überbevölkerung umgekehrt zum Hebel der kapitalistischen Akkumulation, ja zu einer Existenzbedingung der kapitalistischen Produktionsweise. Sie bildet eine frei verfügbare industrielle Reservearmee, die dem Kapital ganz so absolut gehört, also ob es sie auf seine eigenen Kosten großgezüchtet hätte. Sie schafft für seine wechselnden Verwertungsbedürfnisse das stets bereite ausbeutbare Menschenmaterial, unabhängig von den Schranken der wirklichen Bevölkerungszunahme."
Kapital I, MEW 23, S. 661

Leiharbeit – eine Branche boomt

In Folge der guten Konjunktur steigt zwar die Nachfrage nach Arbeitskräften, *"aber die Arbeitgeber üben sich in Zurückhaltung bei der Festeinstellung neuer Mitarbeiter"* (HB vom 19.06.2007). Immer „beliebter" hingegen wird die Leiharbeit. Die Leiharbeitsbranche boomt wie nie zuvor in Deutschland. Wurden „früher" Leitarbeitnehmer/-innen eingesetzt, um Auftragsspitzen abzufangen, sind sie heute in vielen Unternehmen Teil der regulären Produktion. Grund genug, sich einmal etwa ausführlicher mit diesem Thema zu beschäftigen.

Fast jede zweite sozialversicherungspflichtige Stelle, die heute geschaffen wird, entsteht bei einer Zeitarbeitsfirma. Von 340.000 Beschäftigten im Jahr 2000 ist ihre Zahl auf rund 650.000 angewachsen. Tendenz: weiter steigend. Insbesondere in Metallbetrieben greift die Leiharbeit immer mehr um sich.

Leiharbeit verdrängt reguläre Beschäftigung
Im Leipziger BMW-Werk ist über ein Drittel der Belegschaft geliehen. Bei Airbus sind 7.000 der 22.000 Stellen mit Zeitarbeitern besetzt. Laut IG Metall kommen beim Handy-Hersteller Nokia in Bochum auf 650 Beschäftigte in der Produktion zeitweise bis zu 800 Leiharbeiter.

Nach einer Umfrage der IG Metall-NRW in 130 Firmen wurden in 52 Prozent der Unternehmen Stammarbeitsplätze abgebaut und durch Leiharbeit ersetzt. Oft würden die Leiharbeiter für die gleiche Tätigkeit 40 bis 50 Prozent weniger verdienen (NRZ vom 14.08.2007).

Bei der Leiharbeit handelt es sich um eine Tätigkeit, für die ein selbstständiger Unternehmer (Verleiher) seinen Arbeitnehmer (Leiharbeitnehmer) einem Dritten (Entleiher)

zur Arbeitsleistung überlässt. Es geht bei der Leiharbeit nach deutschem Recht also grundsätzlich um ein Dreiecksverhältnis zwischen Verleiher, Entleiher und Leiharbeitnehmer. Im Kern geht es um Arbeitnehmerüberlassung, also das Verleihen von Arbeitskräften durch ein Verleihunternehmen an ein anderes Unternehmen:
- Der Leiharbeitnehmer ist bei einer sogenannten Zeitarbeitsfirma (dem Verleiher) angestellt. Dort hat er die üblichen Arbeitnehmerrechte. Zwischen Verleiher und Arbeitnehmer wird ein Arbeitsvertrag geschlossen, der den Leiharbeitnehmer zur Erbringung der Arbeitsleistung beim Entleiher und den Verleiher zur Entlohnung verpflichtet.
- Das Verleihunternehmen leiht den Arbeitnehmer an ein anderes Unternehmen (Entleiher) aus. Zwischen Verleiher und Entleiher besteht ein Arbeitnehmerüberlassungsvertrag. Darin ist geregelt, dass der Verleiher dem Entleiher die Bereitstellung des Leiharbeitnehmers gewährleistet und der Entleiher zur Zahlung einer Überlassungsgebühr verpflichtet ist.

Aufgrund von Auftragsmangel, Krankheit, Urlaub etc. können Leiharbeiter nicht durchgehend verliehen werden. Je größer die verleihfreie Zeit, desto geringer der Gewinn der Verleihfirmen (und umgekehrt). Ein weiterer wichtiger Punkt in der Debatte um Leiharbeit ist die Übernahmequote, also der Anteil der Leiharbeitnehmer/-innen, der nach der Leiharbeit in ein reguläres Arbeitsverhältnis beim Entleiher wechselt. Dies wird auch *„Klebeeffekt"* genannt (siehe dazu auch ver.di, Leiharbeit, S. 7 ff.).

Immer weniger Beschränkungen!
In den letzten Jahren hat eine fortwährende „Entfesselung" der Leiharbeit stattgefunden. Mit Inkrafttreten des Arbeitnehmerüberlassungsgesetzes (AÜG) zum 1.1.2003 wurden gleich mehrere Beschränkungen in der Leiharbeit abgeschafft:
- die Beschränkung der Höchstüberlassungsdauer
- das Befristungsverbot
- das Wiedereinstellungsverbot
- das Synchronisationsverbot.

Diese Regelungen sollten ursprünglich verhindern, dass der Verleihbetrieb das unternehmerische Risiko auf die Leiharbeiter abwälzt. Ein weiterer gravierender Grund war, die Stammbelegschaften davor zu schützen, durch Leiharbeiter ersetzt zu werden. Im Zuge der Hartz-Gesetze wurde die Leiharbeit massiv gepusht. Die sogenannten Personal-Service-Agenturen (PSA) wurden als das *„Herzstück"* der Reformen dargestellt. Aufgabe dieser PSAs war es insbesondere, eine Arbeitnehmerüberlassung zur Vermittlung von Arbeitslosen in Arbeit durchzuführen und ihre Beschäftigten in verleihfreien Zeiten zu qualifizieren und weiterzubilden.

Gleiche Arbeit – weniger Geld!

Um die massive Deregulierung des Überlassungsrechts politisch zu legitimieren, wurden im neuen AÜG Zeitarbeiter mit den Beschäftigten im Entleihbetrieb formell gleichgestellt. Die entsprechenden Schlüsselbegriffe lauten „equal pay" und „equal treatment". Zu Deutsch: gleiches Entgelt und gleiche Arbeitsbedingungen (§ 9 Abs. 2 AÜG). Das hörte sich zunächst einmal sehr gut an und klang fast wie die Erfüllung der gewerkschaftlichen Forderungen zur Leiharbeit. Allerdings findet sich im Gesetz dann der folgenschwere Satz: *„Ein Tarifvertrag kann abweichende Regelungen zulassen."* Letztendlich ein rechtspolitischer Trick, denn genau diese Regelung erwies sich sehr schnell als entscheidender Haken. Diesen Passus nahm der Christliche Gewerkschaftsbund (CGB) nämlich zum Anlass, um *„abweichende Regelungen"* zu vereinbaren. Während ein Vertrag der DGB-Tarifgemeinschaft Anfang 2003 einen Stundenlohn von 11 Euro für einfache Facharbeit vorsah, vereinbarte der CGB parallel mit dem AMP Tarifverträge, die weit unter dem DGB-Niveau lagen.

> **Arbeitgeberverbände in der Zeitarbeit**
>
> BZA (Bundesverband Zeitarbeit). Rund 1.800 Mitgliedsunternehmen. Mitglieder u.a.: Adecco, Manpower, Randstad, Start.
>
> IGZ (Interessenverband Deutscher Zeitarbeitsunternehmen). Rund 950 Mitgliedsunternehmen; mittelständisch orientiert.
>
> AMP (Arbeitgeberverband Mittelständischer Personaldienstleister). Rund 850 Mitgliedsunternehmen; in der Mehrzahl eher Kleinbetriebe der Branche.

Die DGB-Gewerkschaften mussten daraufhin nachziehen und schlossen mit dem BZA und dem IGZ Verträge ab. Durch die Dumping-Konditionen des CGB-Tarifs wurde die aufgrund des geringen Organisationsgrads in der Branche ohnehin schwache Verhandlungsposition erheblich beeinträchtigt. Trotzdem ist es dem DGB gelungen, wesentlich bessere Tarife durchzusetzen.

Die Verdienste in der Zeitarbeit liegen deutlich unter den Tarifen in den jeweiligen Branchen. Die IG Metall hat ausgerechnet, wie groß die Lohndifferenz zwischen dem Metall-Tarif und den Tarifen der Zeitarbeitsbranche ist. Bezogen auf die unterste Lohngruppe beträgt die Differenz zum Dumpingtarif des AMP satte 649 Euro monatlich.

Tarifliche Monatseinkommen in der Metall- und Elektroindustrie NRW (M+E) sowie in der Zeitarbeitsbranche (in Euro) – unterste Lohngruppe Eingangsstufe

M+E	BZA	IGZ	AMP
1.582	1.065	1.062	933

Quelle: IG Metall NRW, 2007

Vorteile für die Entleihfirmen
Aus Sicht der Entleiher bietet die Leiharbeit eine Reihe handfester Vorteile. Als die wichtigsten sind zu nennen:
- flexible zeitliche Nutzung der Arbeitnehmer/-innen
- zeitlich befristete Einsatzmöglichkeiten
- Umgehung von Kündigungsschutzbestimmungen
- weniger Mitbestimmungsrechte
- ungleiche Bezahlung für vergleichbare/gleiche Tätigkeiten
- keine Personalsichtungsfunktion
- Einsparung von direkten Personalkosten (einschl. Lohnfortzahlungskosten)
- weniger Verwaltungsaufwand
- Entlastung für den Personalhaushalt (Sachkosten).

Situation der Leiharbeitnehmer/-innen
Auch aus Sicht der Leiharbeitnehmer/-innen lassen sich einige wenige Vorteile nennen. Dazu zählt die Möglichkeit, Berufserfahrung zu sammeln, zeitlich flexibel zu arbeiten (z.B. nur im Winter) oder die Möglichkeit, einen besseren Zugang in den ersten Arbeitsmarkt zu finden. Dem stehen allerdings massive Nachteile gegenüber. Neben der schlechten Bezahlung sind dies vor allem folgende Punkte:
- Die Beschäftigung bei einem Verleihunternehmen ist unsicherer als in der übrigen Wirtschaft. Die Mehrheit der Arbeitsverhältnisse dauert weniger als drei Monate.
- Der „Klebeeffekt" funktioniert in der Regel nicht. Leiharbeit ist kein Sprungbrett, wie oftmals behauptet.
- Leiharbeitnehmer/-innen empfinden oft einen Mangel an kollegialer Integration in den Entleihbetrieben, u.a. wegen der Kürze der Einsatzzeiten.
- Die Verleihunternehmen bieten in der Regel kaum Weiterbildung an.

Leiharbeit ist kein Instrument zur Integration von Arbeitslosen, sondern dient in aller Regel den Entleihunternehmen zur Flexibilisierung und Rationalisierung des Arbeitskräfteeinsatzes. Leiharbeit wird oft missbraucht, um Druck auf die Stammbelegschaft und auf das Lohnniveau auszuüben.

Viele Unternehmer nutzen Leiharbeit, um die Stammbelegschaften gezielt zu verunsichern. Die Angst vor Arbeitslosigkeit und sozialem Abstieg wird durch die Präsenz von „billigeren" Leiharbeitern bewusst geschürt. Verunsicherte Belegschaften und eine Gruppe von Beschäftigten, für die Branchen-Tarifverträge nicht gelten – das schwächt die gewerkschaftliche Kampfkraft in den Tarifauseinandersetzungen. Oft versuchen Arbeitgeber auch, Leiharbeiter in den Tarifrunden als Streikbrecher einzusetzen.

Immer mehr Unternehmen gehen dazu über, ihre Lohnkosten durch die Gründung eigener Leiharbeitsfirmen noch weiter zu senken. Viele Personalmanager „entdecken" die Methode, hauseigene Leiharbeitsfirmen zu gründen und deren Beschäftigte dann anschließend im eigenen Unternehmen wieder einzusetzen. Stark verbreitet sind solche unsozialen Praktiken u.a. im Krankenhausbereich (SZ vom 28.06.2007).

Die zehn größten Zeitarbeitsfirmen in Deutschland

Unternehmen	Umsatz in Mio. Euro	Veränderung zu 2005 in %
Adecco	1.194	+ 35
Randstad Deutschland	1.057	+ 40
Persona Service	536	+ 43
Manpower	466	+ 16
Hays	250	+ 31
ZAG Zeitarbeit-Gesellschaft	215	+ 35
Timepartner*	214	+ 218
Autovision	198	+ 16
Orizon	184	+ 21
I.K. Hofmann	183	+ 37

* starkes Wachstum durch Übernahmen und Fusionen

Quelle: Handelsblatt vom 19.06.2007/Eigene Berechnungen

Leiharbeit ist den Unternehmern ein willkommenes Mittel, um die Lohnkosten weiter zu drücken und die Belegschaften zu spalten.

Die finanzielle Situation der Arbeitslosen
Arbeitslosengeld I

Die Bezugsdauer des Arbeitslosengelds ist ab dem 01.02.2006 grundsätzlich auf 12 Monate und nach Vollendung des 55. Lebensjahres auf 18 Monate begrenzt worden. Zuvor hatten ältere Arbeitnehmer/-innen einen Anspruch auf Arbeitslosengeld für die Dauer von bis zu 32 Monaten. In der Konsequenz bedeutet diese Regelung u.a., dass Arbeitnehmer/-innen ab 45 negativ betroffen sind. Langjährig Erwerbstätige fallen bei Arbeitslosigkeit am Ende des Erwerbslebens in ihrem Lebensstandard schnell auf Fürsorgeniveau. Von den fast eine Million Arbeitslosen über 50 Jahre ist bereits heute rund die Hälfte auf Hartz IV angewiesen.

Dauer des Anspruchs auf Arbeitslosengeld (Alg I)

Nach Versicherungspflicht-verhältnissen mit einer Dauer von insgesamt mindestens ... Monaten	und nach Vollendung des ... Lebensjahres	... Monate
12		6
16		8
20		10
24		12
30	55.	15
36	55.	18

Der Leistungssatz beträgt für Arbeitslose mit Kindern 67 Prozent und für alle anderen 60 Prozent des Netto-Leistungsentgelts. Dieses wiederum errechnet sich, wenn von dem jeweiligen Bruttoentgelt die Beiträge zur Sozialversicherung, die Lohnsteuer und der Solidaritätsbeitrag abgezogen werden.

Arbeitslosengeld II

Das Arbeitslosengeld II schließt an das Arbeitslosengeld I an. Nachdem die Bezugsdauer des Alg I massiv verkürzt wurde, bedeutet das nun, dass Arbeitslose i.d.R. spätestens nach 12 Monaten unter die Regelungen des Alg II fallen.

Im Unterschied zum Alg I ist das Alg II keine Versicherungsleistung, sondern steuerfinanziert. Anspruchsberechtigt sind Personen im Alter zwischen 15 und 64 Jahren, die erwerbsfähig sind, dem Arbeitsmarkt drei Stunden täglich zur Verfügung stehen und bedürftig sind. Die Regelleistung für eine/-n Alleinstehende/-n beträgt bundesweit ab Mitte 2007 347 Euro. Parallel zur Erhöhung der Renten um 0,54 Prozent ist der Regelsatz ebenfalls um einen halben Prozentpunkt, d.h. um zwei Euro erhöht worden.

In Wahrheit hat keine Erhöhung des Regelsatzes stattgefunden, sondern eine reale Absenkung. Seit Einführung des Regelsatzes am 01.01.2005 sind die Preise um mehr als vier Prozent gestiegen. Das bedeutet, dass die Hartz IV-Empfänger/-innen von 2005 bis Mitte 2007 einen Kaufkraftverlust von mindestens 15 Euro haben hinnehmen müssen.

Hinzu kommen Leistungen für Unterkunft und Heizung. Diese werden in Höhe der tatsächlichen, „angemessenen" Aufwendungen gewährt. Eine Übernahme nicht „angemessener" Kosten erfolgt i.d.R. nicht länger als 6 Monate. Was „angemessen" ist, wird vor Ort entschieden. So muss die Wohnung in Größe und Miethöhe „angemessen" sein. Andernfalls können Langzeitarbeitslose nach einer Übergangsfrist zum Umzug gezwungen werden.

Gravierend sind auch die Regelungen hinsichtlich des Vermögens. Unterschieden wird in Vermögen I und Vermögen II. Langzeitarbeitslose dürfen folgendes Vermögen I besitzen:

- einen „angemessenen" Hausrat
- ein „angemessenes" KFZ
- selbst genutzte Immobilien (soweit „angemessen")
- Dinge und Rechte, deren Verwertung offensichtlich unwirtschaftlich ist oder eine besondere Härte bedeutet.

Beim Vermögen II gelten folgende Regelungen: Langzeitarbeitslose dürfen ein Geldvermögen in Höhe von 150 Euro je Lebensjahr, höchstens jedoch 9.750 Euro besitzen. Daneben dürfen sie Vermögen zur Altersversorgung in Höhe von 250 Euro je Lebensjahr, höchstens jedoch 16.250 Euro besitzen. Was darüber liegt, muss verbraucht werden. Das bedeutet: Wer mehr als 9.750 Euro Geldvermögen besitzt und über 16.250 Euro Altersversorgung verfügt, wird praktisch enteignet. Anders ausgedrückt: Erst wenn das „überschüssige" Vermögen verbraucht ist, besteht Anspruch auf die Regelleistung ...

Zumutbar?

Ebenso gravierend sind die Regelungen zur Zumutbarkeit von Arbeit. Dazu heißt es in § 10 Abs. 1 SGB II lapidar: *„Dem Hilfebedürftigen ist jede Arbeit zumutbar."* In der Praxis heißt das: Zumutbar sind auch Tätigkeiten, die bis zu 30 Prozent unter dem niedrigsten Tarif liegen. Zumutbar sind ebenfalls Ein-Euro-Jobs und Minijobs. Bei Ablehnung einer solchen als zumutbar definierten Arbeit, bei Ablehnung einer Eingliederungsmaßnahme oder bei „fehlende Eigeninitiative" gelten harte Sanktionen (massive Kürzungen des Alg II). Darüber hinaus gelten für 15-25-Jährige verschärfte Sonder-Sanktionsregelungen.

Zum Leben zu wenig ...

Viele werden sich nur schwer vorstellen können, was es heißt, von 347 Euro monatlich leben zu müssen. Die folgende Aufstellung zeigt, wie sich dieser Betrag im Einzelnen zusammensetzt:

Regelsatz Alg II (Alleinstehende/-r) – Zusammensetzung Warenkorb pro Monat*

Warenkorb	Euro
Nahrungsmittel, Getränke, Tabakwaren	132,51 Euro
Bekleidung, Schuhe	34,08 Euro
Wohnung, Wasser, Strom und Gas	26,83 Euro
Möbel, Haushaltsgeräte, Instandhaltung	27,73 Euro
Gesundheitspflege	13,19 Euro
Verkehr	19,18 Euro
Freizeit, Unterhaltung, Kultur	38,66 Euro
Beherbergungs-/Gaststättenleistungen	10,31 Euro
Sonstiges	20,16 Euro
Bildung	0,00 Euro
Gesamt	345,00 Euro

* Berechnung auf Basis des alten Regelsatzes

Die Alg II-Regelung bedeutet für viele Betroffene einen deutlichen Verlust gegenüber der alten Regelung. Gleichzeitig mangelt es an der Betreuung der Langzeitarbeitslosen. Statt *„fördern und fordern"*, wie ursprünglich einmal von der Bundesregierung propagiert wurde, stellt sich dies heute für die meisten als *„fordern ohne zu fördern"* dar. Die Alg II-Regelung bedeutet damit für viele die direkte Rutsche in die Armut. Gleichzeitig wird durch diese Regelung der Druck auf die Beschäftigten drastisch erhöht.

„Mit Hartz IV kehrt die soziale Frage zurück und spaltet die Gesellschaft."
FR vom 07.07.2004

„Hartz IV hat das gesellschaftliche Klima in diesem Land vergiftet."
Michael Sommer, DGB-Vorsitzender

„Die Hartz-Gesetze waren und sind bis heute ein Programm für mehr Armut in Deutschland."
Otmar Schreiner, SPD-MdB

Die Hartz-Gesetze *„vertieften das Trennende zwischen Sozialdemokratie und Gewerkschaften so, dass aus kleinen Rissen ein tiefer Bruch wurde."*
Markus Sievers

Auf der Rutsche in die Armut ...

Wenn heute jemand mit 48 Jahren arbeitslos wird, bekommt er oder sie maximal ein Jahr lang Arbeitslosengeld I. Danach greifen die Regelungen von Hartz IV. Das bedeutet u.a.:
- „Vernutzung" der Ersparnisse bis 9.600 Euro (200 Euro mal 48)
- „Vernutzung" der Lebensversicherung bis 9.600 Euro (200 Euro mal 48)
- erst dann besteht Anspruch auf den Regelsatz von Alg II (347 Euro) plus Wohngeld

... aber nur, wenn die/der Lebenspartner/-in unter dem normalen Verdienst liegt
... und bei Nachweis ständiger Arbeitsbereitschaft.

Auch beim Thema Arbeitslosigkeit ist Deutschland ein geteiltes Land. Die Vermittlung und Betreuung konzentriert sich auf die Kurzzeitarbeitslosen – hier werden immer größere Überschüsse erzielt. An den Langzeitarbeitslosen geht der Aufschwung weitgehend vorbei.

Trotz Aufschwung weniger in der Tasche: Die Einkommen der abhängig Beschäftigten

Die Gewinne in Deutschland befinden sich im Steigflug, die Großaktionäre sahnen ab und die Managergehälter eilen davon – aber diejenigen, die mit ihrer Arbeit diesen Reichtum schaffen, schauen in die Röhre. Die Arbeitnehmer/-innen in Deutschland blicken auf magere Jahre zurück.

Tarifeinkommen 2006 – per Saldo zu wenig

Die jahresbezogene Erhöhung der tariflichen Grundvergütung belief sich im Jahr 2006 auf 1,5 Prozent. Dabei zeigt sich, dass die Tarifunterschiede zwischen den Wirtschaftszweigen (immer) größer werden. Insbesondere in den exportorientierten Bereichen konnten wiederum Tarifsteigerungen oberhalb der Preissteigerungsrate durchgesetzt werden. Bei den binnenmarktabhängigen Bereichen lagen die Ergebnisse z.T. weit darunter:

Tariferhöhungen 2006* – Auszug

Wirtschaftsbereich	Gesamt-deutschland
Grundstoff- und Produktionsgüterindustrie	2,7 %
Investitionsgütergewerbe	2,4 %
Kreditinstitute, Versicherungsgewerbe	2,1 %
Verkehr und Nachrichtenübermittlung	2,0 %
Energie- und Wasserversorgung, Bergbau	1,8 %
Nahrungs- und Genussmittel	1,6 %
Handel	0,9 %
Private Dienstleistungen, Organisationen ohne Erwerbszweck	0,8 %
Baugewerbe	0,7 %
Gebietskörperschaften, Sozialversicherung	0,5 %
Gesamte Wirtschaft	1,5 %

* Jahresbezogene Erhöhung der tariflichen Grundvergütung
Quelle: WSI, Jahresbericht 2006

Unter dem Strich stellt sich die Tarifbilanz 2006 wie folgt dar:
- Die durchschnittliche Tariferhöhung von 1,5 Prozent lag unter der Steigerung der Verbraucherpreise von 1,7 Prozent. Damit ergibt sich für 2006 eine Senkung der realen tariflichen Vergütungen um 0,2 Prozent.
- Die Entwicklung der Nettolöhne und -gehälter betrug im gleichen Jahr lediglich 0,4 Prozent. Nach Abzug der Preise ergibt sich damit ein Rückgang der durchschnittlichen Nettorealeinkommen von 1,3 Prozent.
- Die Tariflandschaft ist sehr zerklüftet – große Bereiche rangieren deutlich unter dem Durchschnitt und mussten infolgedessen noch größere Einbußen hinnehmen.

„Die Anzug- und Kostümträger eilen mit regelmäßigen Gehaltserhöhungen den Blaumännern weiter davon. Geht es um das Einkommen, ist Deutschland geteiltes Vaterland ..."
Stern Nr. 29/2007, S. 46

Diese Entwicklung ist ausgesprochen kritisch zu sehen, denn
- je mehr sich dies weiter fortsetzt, desto größer werden die absoluten und relativen Unterschiede bei den Einkommen der einzelnen Branchen und Sektoren
- je mehr die Tariflandschaft in Gewinner- und Verliererbranchen auseinanderdriftet, desto schwächer ist der Zusammenhalt der abhängig Beschäftigten, desto mehr droht eine Entsolidarisierung „in der Klasse". Wichtig wäre, dass alle Beschäftigten gleichermaßen am wirtschaftlichen Aufschwung teilhaben.

Während die Wirtschaft boomt, verschlechtert sich für einen Großteil der Bevölkerung die Einkommenssituation. Mitten im Aufschwung haben die Arbeitnehmer/-innen real an Einkommen verloren. *„Das gab es bisher in Deutschland nicht und das ist selbst in der neoliberalen Theorie nicht vorgesehen. Auch dort soll der berühmte ‚Gürtel' nur in Krisenzeiten ‚enger geschnallt' werden. Doch jetzt wird auch in fetten Jahren der Bauch eingezogen ..."*, so die taz vom 03.05.2007.

Zunehmende Lohnspreizung in Deutschland

Marktradikale Ökonomen behaupten gerne, es gäbe für Geringqualifizierte zu wenig Jobs, weil die Löhne in Deutschland für diese Tätigkeiten zu hoch seien. Diese sogenannte Lohnkompressionshypothese galt letztendlich auch als maßgebliche Begründung für die Hartz-Reformen.

Prof. Schettkat, Uni Wuppertal, hat in einer Untersuchung nachgewiesen, dass seit Mitte der 1990er Jahre eine rasante Zunahme der Lohnspreizung – insbesondere am unteren Ende der Lohnskala – stattgefunden hat. Deutschland *„belegt nun einen Spitzenwert in Westeuropa"*. Gleichzeitig stellt er fest, *„dass trotz sinkender relativer Löhne die Arbeitslosigkeit der geringer Qualifizierten überproportional zugenommen hat"* (Schettkat, S. 341).

Diese Ergebnisse werden durch weitere aktuelle Studien eindrucksvoll bestätigt. Der OECD zufolge ist das Einkommensgefälle in Deutschland deutlicher als in den meisten anderen Industrieländern gestiegen. Lediglich in Ungarn, Polen, Südkorea und Neuseeland sei im Zeitraum von 1995 bis 2005 die Lohnschere noch weiter auseinandergegangen. *„Demnach stiegen die Löhne der deutschen Spitzenkräfte schneller, als die der Geringverdiener: Die höchstbezahlten zehn Prozent der Arbeitnehmer erhielten im Schnitt 3,1 mal so viel wie die zehn Prozent mit den niedrigsten Löhnen. 1995 waren es nur 2,8-mal so viel"* (HB vom 20.06.2007).

Effektiv bleibt noch weniger übrig!

Das, was die Gewerkschaften in Tarifverhandlungen durchsetzen, kommt nicht 1:1 bei den Arbeitnehmerinnen/Arbeitnehmern an. Die Schere zwischen Tarif- und Effektivlöhnen öffnet sich weiter. Diese sogenannte Lohndrift (berechnet als Abweichung der Löhne und Gehälter je Arbeitnehmer/-in von den Tarifverdiensten auf Monatsbasis) hat sich in den letzten Jahren folgendermaßen entwickelt:

Lohndrift 2000–2006 – in Prozent gegenüber dem Vorjahr

2000	2001	2002	2003	2004	2005	2006
- 0,5	- 0,1	- 1,3	- 0,8	- 0,7	- 0,9	- 0,6

Quelle: WSI, Tarifpolitischer Jahresbericht 2006

Wesentliche Gründe für diese negative Lohndrift sind u.a.:
- tariflose Zustände in verschiedenen Wirtschaftszweigen
- die zunehmende Zahl von tariflichen Öffnungsklauseln
- der weitere Abbau übertariflicher Leistungen
- die rückläufige Tarifbindung
- der wachsende Lohndruck durch die Arbeitsmarktreformen (WSI).

Frauen weiterhin benachteiligt!
Auf dem Arbeitsmarkt ist es mit der Gleichberechtigung nicht weit her. Frauen bekommen deutlich weniger, als sie verdient hätten: Der Lohnunterschied zwischen den Geschlechtern beträgt immer noch mehr als ein Fünftel. Das WSI hat für die verschiedenen Berufe die Daten zusammengestellt. Einige Beispiele:

Durchschnittliche Monatsverdienste in ausgewählten Berufen – Angaben in Euro

Beruf	Bruttomonatseinkommen		Höhe des Frauenlohns im Vergleich zum Männerlohn
	Männer	Frauen	
Informatiker/-innen	3.971	3.590	90 Prozent
Maschinenbau-Ingenieurinnen/Ingenieure	4.329	3.557	82 Prozent
Bankkauffrauen/-männer	3.682	2.967	81 Prozent
Chemielaborantinnen/-laboranten	3.157	2.617	83 Prozent
Großhandelskauffrauen/-männer	2.692	2.188	81 Prozent
Köchinnen/Köche	1.863	1.505	81 Prozent

Quelle: Hans-Böckler-Stiftung/www.frauenlohnspiegel.de/Eigene Berechnungen

Als Erklärungsansätze für die oftmals eklatanten Unterschiede werden häufigere Unterbrechungen des Arbeitslebens und die geringe Zahl von Frauen in Führungspositionen genannt. Aber in der Praxis spielt nach wie vor auch die Lohndiskriminierung von Frauen eine Rolle:
- Nach einer aktuellen Studie der Internationalen Arbeitsorganisation (ILO) werden Frauen in der Arbeitswelt weiterhin stark benachteiligt und überdurchschnittlich häufig zu Niedrigstlöhnen beschäftigt. Das Lohngefälle zwischen Männern und Frauen beträgt nach ILO-Angaben 22 Prozent. Damit landet Deutschland in der EU-

27 auf dem viertletzten Platz. Noch größer ist die Schere nur in Zypern, Estland und der Slowakei. Im europäischen Durchschnitt beträgt der Abstand 15 Prozent (HB vom 19.07.2007).
- Frauen sind in Führungspositionen deutscher Unternehmen generell unterrepräsentiert. Das belegt eine Studie des Instituts für Mittelstandsforschung. Auch hier schneidet Deutschland im internationalen Vergleich schlecht ab: Im Europavergleich landet Deutschland auf Platz 20 (FR vom 07.03.2007).
- Manche Positionen sind in Deutschland für Frauen immer noch unerreichbar. So gibt es etwa in den Vorständen der dreißig DAX-Unternehmen immer noch keine einzige Frau.

Was deutsche Arbeitnehmer/-innen bekommen

Der *Stern* hat Mitte 2007 eine Liste mit 100 Berufen und deren Einkommen veröffentlicht. Die Aufstellung verdeutlicht das Ausmaß des Tarifgefälles in Deutschland. Wir veröffentlichen im Folgenden einen Auszug aus dieser Liste:

„Die Gehaltsliste" – Auszug

Beruf	Gehalt
Pilot	6927
Maschinenbauingenieur	5201
Richter	5043
Versicherungsfachleute	3881
Feinmechaniker	3586
Zahntechniker	3384
Arbeitsvermittler	3187
Durchschnittsgehalt	*3077*
Reiseleiter	2723
Postboten	2650
Fliesenleger	2557
Altenpfleger	2533
Konditor	2182
Verkäufer	1841
Hotelfachleute	1519
Friseure	1178

Quelle: Gehalts- und Lohnstrukturerhebung des Statistischen Bundesamtes, entnommen aus: Stern Nr. 29/2007, S. 50 f.

Wir empfehlen in diesem Zusammenhang, jeweils bei folgenden Quellen nachzuschauen und die einzelnen Angaben konkret zu überprüfen!
- www.destatis.de (Statistisches Bundesamt – dort: Gehalts- und Lohnstrukturerhebung)
- www.lohnspiegel.de
- www.boeckler.de

Die Entwicklung der Arbeitnehmereinkommen seit 1991

Obwohl die Arbeitnehmer/-innen Jahr für Jahr mehr geleistet haben und mit ihrer Arbeit den Wohlstand im Land mehren, verfügen sie heute über weniger Kaufkraft als Anfang der 1990er Jahre. So sehen die Fakten aus:

Durchschnittlicher monatlicher Verdienst je Arbeitnehmer/-in (1991–2006)

Jahr	Nominale Bruttolöhne und -gehälter	Nominale Nettolöhne und -gehälter
1991	1.643 Euro	1.141 Euro
2006	2.228 Euro	1.454 Euro
1991-2006	+ 35,6 Prozent	+ 27,4 Prozent

Quelle: Statistisches Bundesamt VGR, Tabelle 2.1.8/Eigene Berechnungen

Die Bilanz von 15 Jahren Tarifpolitik fällt bescheiden aus:
- Das Einkommen aller Arbeitnehmer/-innen ist zwischen 1991 und 2006 im Durchschnitt um 35 Prozent gestiegen.
- Bei den Nettolöhnen und -gehältern betrug die Steigerung im gleichen Zeitraum immerhin noch 27 Prozent.
- Wenn man von dieser Nettolohnerhöhung die Steigerung der Verbraucherpreise (+ 31 Prozent) abzieht, bleibt unter dem Strich allerdings ein dickes Minus.

Mit anderen Worten: Die Arbeitnehmer/-innen verfügen heute über weit weniger Kaufkraft als Anfang der 1990er Jahre. Nirgendwo sonst in Westeuropa sind die Löhne und Gehälter so von der Entwicklung des gesellschaftlichen Reichtums abgekoppelt worden wie bei uns.

Verteilungsspielräume konnten nicht genutzt werden

Ein wesentlicher Grund für diese extreme Verteilungsschieflage ist, dass die Gewerkschaften in den letzten Jahren den verteilungsneutralen Spielraum nicht haben ausschöpfen können. Dieser Spielraum ergibt sich jeweils aus der Produktivität je Erwerbstätigenstunde und der Preissteigerungsrate. Wenn man diesen Verteilungsspielraum den jeweiligen Tariferhöhungen gegenübergestellt, ergibt sich die jährliche Verteilungsposition. Diese drückt aus, welche der beiden Tarifparteien Vorteile für ihre Seite verbuchen konnte.

Entwicklung der rechnerischen Verteilungsposition (2000–2006)

Jahr	Preise	Produktivität	Verteilungs-spielraum	Tariferhöhung	Verteilungs-position
2000	1,4 %	2,6 %	4,0 %	2,0 %	- 2,0 %
2001	2,0 %	1,8 %	3,8 %	2,0 %	- 1,8 %
2002	1,4 %	1,5 %	2,9 %	2,6 %	- 0,3 %
2003	1,1 %	1,2 %	2,3 %	2,3 %	- 0,0 %
2004	1,6 %	0,7 %	2,3 %	2,0 %	- 0,3 %
2005	2,0 %	1,3 %	3,3 %	1,6 %	- 1,7 %
2006	1,7 %	2,2 %	3,9 %	1,5 %	- 2,4 %

Quelle: Statistisches Bundesamt (VGR)/Eigene Berechnungen

Wenn man die Differenz der Verteilungsposition über den gesamten Zeitraum von 1991 bis heute zusammenrechnet, ergibt sich – rein rechnerisch – dass die Arbeitnehmereinkommen bei nur 80 Prozent des Niveaus liegen, das bei einer vollständigen Nutzung des Verteilungsspielraums seit 1991 hätte erreicht werden können.

Brutto – Netto – Real
Bruttoeinkommen ist das Arbeitsentgelt vor Abzug von Steuern und Sozialversicherungsbeiträgen. Werden von diesem Bruttolohn Lohnsteuer/Solidaritätszuschlag/Kirchensteuer/Rentenversicherung/Arbeitslosenversicherung/Krankenversicherung und Pflegeversicherung abgezogen, erhält man das Nettoeinkommen. Zieht man davon die Preissteigerung ab, ergibt sich das Netto-Realeinkommen.

Die Gewerkschaften sind für die Entwicklung der nominalen Bruttolöhne und -gehälter verantwortlich, nicht aber dafür, was den Arbeitnehmer/-innen letztendlich netto-real bleibt. So ist in den letzten 15 Jahren allein durch höhere Steuern und Sozialabgaben rund ein Viertel der Tariferhöhung vom Staat „kassiert" worden.

Sozialversicherungsbeiträge

	Gesamt	Arbeitnehmer	Arbeitgeber
Rentenversicherung	19,90 %	9,95 %	9,95 %
Krankenversicherung* – (allgemeiner Beitrag)	13,30 %	6,65 %	6,65 %
Seit 1.7.2005 zusätzlich für Mitglieder (§ 241a SGB V)	0,90 %	0,90 %	---
Arbeitslosenversicherung	4,20 %	2,10 %	2,10 %
Pflegeversicherung	1,70 %	0,85 %	0,85 %
Sofern keine Elterneigenschaft (keine Kinder) zusätzlich	0,25 %	0,25 %	---
Durchschnittlicher SV-Beitrag mit PV-Elterneigenschaft	40,00 %	20,45 %	19,55 %
Durchschnittlicher SV-Beitrag ohne PV-Elterneigenschaft	40,25 %	20,70 %	19,55 %

* Der Beitrag kann je nach Krankenkasse nach oben oder unten abweichen!
Quelle: Deutsche Rentenversicherung 2007, Stand Januar 2007

Niedriglöhne: Viele arbeiten für sehr wenig Geld

In Deutschland hat sich in den letzten zehn Jahren ein riesiger Niedriglohnsektor herausgebildet. Bisher gibt es aber keine allgemein verbindliche Definition von Niedriglohn. Vielmehr existieren unterschiedliche Definitionen und Berechnungsweisen dazu. Je nachdem, welcher man folgt, schwankt die Zahl der Betroffenen zwischen vier und acht Millionen.

Einige Definitionen des Niedriglohnsektors:
Das IAB zieht die Verdienstgrenze bei 1.630 Euro brutto. Danach gehörten zuletzt 3,9 Millionen Vollzeitbeschäftigte zu den Geringverdienern, mehr als jeder Sechste (17,4 %).
- Das WSI zieht die Verdienstgrenze für den Armutslohn bei 1.442 Euro brutto. Danach erhalten insgesamt 7,8 Millionen Menschen in Deutschland prekäre Löhne.
- Nach den Berechnungen des IAT gibt es 6,9 Millionen Geringverdiener, darunter 3 Millionen mit Vollzeitarbeit.
- Nach Angaben der OECD sind in Deutschland 15,7 Prozent aller Beschäftigten, die über 15 Stunden arbeiten, Niedriglöhner.

Prekäre Löhne und Armutslöhne
Das WSI geht von einem durchschnittlichen Bruttoverdienst für Vollzeitbeschäftigte von 2.884 Euro aus:
- „Prekäre Löhne" (= weniger als 75 Prozent): weniger als 2.163 Euro brutto. Darunter fallen im Westen 25 Prozent und im Osten 60 Prozent aller Vollzeitbeschäftigten.
- „Armutslöhne" (= weniger als 50 Prozent): weniger als 1.442 Euro brutto (netto: 1.012 Euro). Darunter fallen im Westen 12 Prozent und im Osten 30 Prozent aller Vollzeitbeschäftigten.

Zum Vergleich: Die Pfändungsfreigrenze beträgt 985 Euro (netto). Das entspricht einem Mindest-Bruttolohn pro Monat von 1.362 Euro und pro Stunde von 8,10 Euro.

Über sechs Millionen arbeiten im Niedriglohnbereich

Es erscheint sinnvoll, nicht von Monats- sondern von Stundenlöhnen auszugehen. Auf diese Weise werden sowohl die Vollzeit- als auch die Teilzeitbeschäftigten (inkl. Minijobs) in die Betrachtung einbezogen. Zieht man die Grenze – wie international üblich – bei zwei Dritteln des durchschnittlichen mittleren Bruttolohns, dann liegt die Niedriglohngrenze für Westdeutschland bei 9,83 Euro und im Osten bei 7,15 Euro (Kalina/Weinkopf).

Danach arbeiten knapp 21 % aller abhängig Beschäftigten in Deutschland für Niedriglöhne. Teilzeitbeschäftigte und Minijobber/-innen sind überdurchschnittlich häufig von niedrigen Stundenlöhnen betroffen. In Minijobs sind Niedriglöhne sogar fast die Regel. Dies ist weitgehend unabhängig vom Qualifikationsniveau der Beschäftigten, d.h. in einem Minijob verdient (fast) jede/-r schlecht.

Trotz der großen Spannweite der verschiedenen Definitionen bleibt bei allen Untersuchungen ein gemeinsamer Befund: Ab Mitte der der 1990er Jahre hat der Anteil der Beschäftigten im Niedriglohnbereich deutlich zugenommen. Armut ist schon lange nicht mehr nur ein Thema für Arbeitslose.

Darüber hinaus gibt es weitere gravierende Punkte, die in den verschiedenen Studien herausgearbeitet werden:
- Es gibt ein starkes Ost-West-Gefälle. In Ostdeutschland ist die Quote der Niedriglöhner wesentlich höher als im Westen. Deutschland ist in dieser Frage immer noch geteilt: Während z.B. im Westen jeder Zehnte weniger als 7,50 Euro verdient, ist es im Osten jeder Vierte.

- Die Niedriglohnempfänger sind überwiegend Niedriglohnempfängerinnen, der Frauenanteil liegt bei 57 Prozent. Ein überdurchschnittliches Niedriglohnrisiko tragen neben den Frauen vor allem Migranten, Geringqualifizierte, Jugendliche und junge Erwachsene, Beschäftigte in Kleinbetrieben sowie im Dienstleistungsbereich und Handel.
- Die „Aufstiegsmobilität" der Niedriglohnarbeiter in höhere Lohngruppen ist in den letzten Jahren deutlich gesunken. Nur noch jede/-r Dritte schafft es, aus dem Niedriglohnsegment aufzusteigen. Damit erhöht sich das Risiko der Niedriglohnarmut.
- Innerhalb des Niedriglohnsektors gibt es wiederum ein starkes Gefälle. 40 Prozent aller Niedriglöhner erhalten sogar weniger als die Hälfte des Durchschnittgehalts.
- Niedriglöhne sind in allen Wirtschaftsbereichen zu finden. Es gibt aber auch ganze Tarifbereiche, die heute schon als Niedriglohnbranchen bezeichnet werden müssen. Dazu zählen u.a. das Hotel- und Gaststättengewerbe, die Gebäudereinigung und das Bewachungsgewerbe.

Das IAT hat einmal genauer untersucht, wie viele Beschäftigte jeweils weniger als einen bestimmten Lohn bekommen:

Arbeiten unter 7,50 Euro – von allen abhängig Beschäftigten arbeiten für einen Bruttolohn von unter ...

7,50 Euro	15,0 Prozent
7,00 Euro	12,7 Prozent
6,50 Euro	10,5 Prozent
6,00 Euro	8,4 Prozent
5,50 Euro	6,4 Prozent
5,00 Euro	4,7 Prozent

Quelle: böcklerimpuls19/2006/Berechnungen des IAT

Arm trotz Vollzeitarbeit

Tarifliche Niedriglöhne – sogar unter vier Euro – sind leider keine Seltenheit. Wach- und Kontrolldienste, Friseurinnen/Friseure, Bäckereiverkäufer/-innen oder Gastronomiebeschäftigte sind einige Gruppen, die besonders betroffen sind. Hier konnten bisher auf dem Tarifverhandlungsweg keine höheren Löhne durchgesetzt werden.

Das Thema ist mittlerweile in der Gesellschaft „angekommen". Berichte über die skandalöse Bezahlung von Zimmermädchen in Luxushotels oder von Putzfrauen im Bundestag haben für Empörung gesorgt und die Menschen aufgerüttelt. Mittlerweile ist eine deutliche Mehrheit der Bevölkerung für einen gesetzlichen Mindestlohn.

Tarifliche Niedriglöhne – einige Beispiele

Friseurhandwerk (NRW)	4,93 Euro
Friseurhandwerk (Ost)	3,38 Euro
Landwirtschaft (NRW)	6,07 Euro
Landwirtschaft (Sachsen)	5,46 Euro
Hotel- und Gaststättengewerbe (NRW)	5,34 Euro
Hotel- und Gaststättengewerbe (Sachsen-A.)	4,81 Euro
Fleischverarbeitung (Sachsen)	4,50 Euro
Bewachungsgewerbe (Brandenburg)	4,56 Euro
Bewachungsgewerbe (NRW)	7,12 Euro

Quelle: WSI-Tarifarchiv

„Solche Niedriglöhne sind letztlich Ausdruck einer fatalen ‚Geiz-ist-geil'-Mentalität, die Arbeitnehmer zur billigen Ramschware macht."
Peter Deutschland, DGB-Vorsitzender Nord

Die starke Ausbreitung der Niedriglöhne ist vor allem auch ein Ergebnis der staatlichen Deregulierungspolitik. Reformen des Arbeitsförderungsgesetzes, die Verschärfung der Mobilitätsanforderungen für Arbeitslose und die Zumutbarkeitsregelungen von Hartz IV haben dazu geführt, dass der Druck auf die Löhne immer stärker geworden ist.

Altersarmut ist vorprogrammiert!

Arm zu sein trotz Vollzeitarbeit ist für Viele heute bittere Realität. Und danach folgt die Quittung im Alter: Millionen von Menschen, wie z.B. Kellnern und Kellnerinnen, Köchen und Köchinnen und anderen Niedriglöhnern droht die Altersarmut. Die Niedriglohnstrategie der Bundesregierung hat eine Gruppe von „Working Poor" geschaffen, die nur mit mehreren Jobs oder durch Aufstockung über die Runden kommt. Eine Verkäuferin stellt fest: „Viele meiner Kollegen haben zwei Jobs. Die leben wie auf der Flucht: Rein ins Auto und von einem Geschäft ins andere" (Stern Nr. 29/2007).

Schon heute müssen viele Rentner und Rentnerinnen von Mini-Renten leben bzw. versuchen, einigermaßen über die Runden zu kommen. Im letzten Jahr bekamen in Westdeutschland 23,9 Prozent der Männer eine Versichertenrente von weniger als 600 Euro. Bei den Frauen waren es sogar 66,4 Prozent. Bei den Witwenrenten unter 600 Euro beträgt der Anteil 54,1 Prozent (vgl. DRV, Zahlen, S. 40 f.).

Wer im Niedriglohnsektor arbeitet, wer nicht immer vollzeitbeschäftigt ist oder nicht genügend Beitragsjahre zusammenbekommt, hat es im Alter sehr schwer. Kein Wunder, dass sich viele Deutsche vor Altersarmut fürchten. Nach einer aktuellen Umfrage erwarten 52 Prozent der Bundesbürger als Rentner starke finanzielle Einbußen (SZ vom 03.08.2007).

Das IAB hat in einer Untersuchung herausgefunden, dass vor allem Frauen in Westdeutschland von der Altersarmut bedroht sind. Sie haben die mit Abstand kürzesten Beitragszeiten zur Rentenversicherung und aufgrund von Teilzeitarbeit und geringen Löhnen auch die geringsten Beiträge eingezahlt. Dramatisch stellt sich die Situation von Hartz-IV-Empfängerinnen dar. *„Hilfeempfängerinnen in Westdeutschland haben mit Abstand die kürzesten Beitragszeiten. Da sie meist auch nur geringe Beiträge eingezahlt haben dürften, tragen sie ein besonders großes Risiko der Bedürftigkeit im Ruhestand – sofern sie nicht über ihren Partner ausreichend abgesichert sind"* (IAB, 14/2007).

Der Staat subventioniert Armutslöhne
Viele Beschäftigte können von ihrem Arbeitseinkommen nicht den eigenen Lebensunterhalt bestreiten und brauchen deshalb Zuschüsse des Staates. Anspruch auf Arbeitslosengeld II haben nicht nur Hartz IV-Empfänger/-innen. Wer ein sehr geringes Einkommen bezieht, kann es durch Arbeitslosengeld II aufstocken.

Wenn der Lebensunterhalt nicht allein durch Arbeitslosengeld I oder Einkommen bestritten werden kann, können Leistungen der Grundsicherung nach dem SGB II (erwerbsfähige Personen) oder XII (nicht erwerbsfähige Personen) beantragt werden. Einkommen wird dabei im Rahmen des § 11 SGB II auf den Bedarf angerechnet.

Die Zahl dieser sogenannten Aufstocker hat in letzter Zeit stark zugenommen. Zuletzt waren bereits 21 Prozent aller Alg II-Empfänger/-innen erwerbstätig!

Anzahl und Zusammensetzung der Aufstocker (Alg II) – Anzahl in 1.000

Beschäftigtengruppen	Januar 2005	Januar 2006	Januar 2007
Geringfügig Beschäftigte	374	453	603
Teilzeit	85	124	199
Vollzeit	202	295	476
Gesamt	661	872	1.278

Quelle: einblick 11/2007/DGB-Bundesvorstand

Die Zahl der Aufstocker hat sich in relativ kurzer Zeit verdoppelt. Erschreckend hoch ist der Anteil der Vollzeitbeschäftigten – und er steigt weiter an. Zuletzt waren nach Angaben des DGB rund 600.000 Vollzeitkräfte auf „aufstockende Leistungen" angewiesen. Immer mehr Beschäftigte sind trotz harter Arbeit auf ergänzendes Arbeitslosengeld II angewiesen, um ein existenzsicherndes Einkommen zu erzielen. Das wahre Ausmaß des

Problems zeigen diese Zahlen allerdings nicht, denn *„aus Scham oder Unwissenheit nehmen viele Menschen ihren Anspruch auf aufstockende Leistungen nicht wahr"* (DGB).

Statt endlich einen gesetzlichen Mindestlohn einzuführen, subventioniert der Staat in der boomenden deutschen Volkswirtschaft Armutslöhne – zu Lasten der öffentlichen Haushalte, zugunsten der Wirtschaft.

Arbeitsbedingungen im Shareholder-Kapitalismus

Die Jagd nach dem höchstmöglichen Profit findet auf dem Rücken der Arbeitnehmer/ -innen statt. Damit stehen vor allem die Personalkosten unter einem massiven und permanenten Druck. Das hat weitreichende Auswirkungen auf Anzahl und Struktur der Arbeitsplätze, aber natürlich auch auf die Arbeitsbedingungen.

Flexiblisierung und Deregulierung auf allen Ebenen

Deregulierung und Flexibilisierung sind wesentliche Bestandteile des neoliberalen Gesellschaftsumbaus. In Deutschland hat während der letzten zwei Jahrzehnte ein starker Abbau von Arbeitnehmerschutzrechten stattgefunden, der Arbeitsmarkt ist so flexibel wie nie zuvor – fast alle regulierenden Stellschrauben sind gelockert worden:

- Die Arbeitszeit ist mit dem Arbeitszeitgesetz von 1994 weitgehend liberalisiert worden. Es kann bis zu 60 Stunden in der Woche gearbeitet werden und rund um die Uhr produziert werden.
- Die Reichweite der Tarifverträge nimmt ab. Heute arbeiten nur noch 59 Prozent der Beschäftigten im Westen und gerade einmal 42 Prozent im Osten auf der Grundlage von Flächentarifverträgen (siehe dazu auch: WSI-Tarifhandbuch, S. 42 ff.) Zudem werden die Verträge durch Öffnungsklauseln immer poröser.
- Der Qualifikationsschutz in Bezug auf die Zumutbarkeit von Arbeit ist durch die Hartz-Gesetze 2005 völlig weggefallen.
- Der Geltungsbereich des Kündigungsschutzgesetzes ist 2004 weiter eingeschränkt worden.
- Die Möglichkeiten atypischer Beschäftigung sind massiv erweitert worden. Befristete Verträge können ohne Sachgrund bis zu zwei Jahren abgeschlossen werden, in neuen Unternehmen sogar bis zu vier Jahren. Minijobs und Leiharbeit sind regelrecht gepusht worden.

Wie sich Betriebe an die Nachfrage anpassen ...

	Interne Flexibilität	Externe Flexibilität
Dauer der Arbeitszeit	• Zeitkonten • Beschäftigungssichernde Arbeitszeitänderungen	• Entlassungen und Einstellungen (Kündigungsschutz) • Leiharbeit • Befristete Beschäftigung
Organisation	• Weiterbildung • Arbeitsabläufe	• Transfergesellschaften
Entlohnung	• Tarifliche Öffnungsklauseln • Betriebliche Bündnisse • Minijobs • Leistungsbezogene Entgelte	• Lohnkostenzuschüsse bzw. -subventionen • Lohnersatzleistungen

Quelle: Keller/Seifert

Die Deregulierung spaltet zudem die Belegschaften. Zwischen den Beschäftigten in Normalarbeitsverhältnissen und denen in atypischer Beschäftigung *„verläuft eine markante Trennlinie. Die Beschäftigten außerhalb der Kernbelegschaft haben weniger soziale Sicherheit und ein kleineres Einkommen, außerdem sind sie bei der betrieblich-beruflichen Weiterbildung und bei Karrierechancen benachteiligt"* (böcklerimpuls, 2/2007, S. 5).

Arbeitszeiten – so flexibel wie nie!
Variable Arbeitszeiten bestimmen immer mehr den betrieblichen Alltag. Die neue Normalität heißt Schicht-, Nacht- und Wochenendarbeit. Das WSI hat in einer aktuellen Studie untersucht, was sich seit Jahren in der betrieblichen Praxis vollzieht. Einige Ergebnisse:
- Mehr als 40 Prozent der Beschäftigten arbeiten unter extremen Formen der Arbeitszeitflexibilisierung. Darunter verstehen die Forscher Zeiten, die pro Woche 42 Stunden und mehr betragen, um mehr als 20 Stunden pro Woche schwanken oder sich an mindestens fünf Wochentagen auf ein 24-Stunden-Schichtsystem verteilen.
- Extreme Schichtarbeit (mindestens Drei-Schicht-Arbeit) findet sich vor allem im verarbeitenden Gewerbe und bei den sozialen Dienstleistungen (z.B. in Krankenhäusern).
- Das sogenannte Normalarbeitsverhältnis gilt nur noch für 13 Prozent der Beschäftigten in Deutschland. 1989 waren es noch doppelt so viele (vgl. Groß/Seifert/Sieglen, S. 204 f.).

Derweil nehmen Nacht- und Wochenendarbeit weiter zu, die Rund-um-die-Uhr-Gesellschaft breitet sich aus. Beispiele dafür sind Samstagsöffnungszeiten von Banken und die weitere Deregulierung der Ladenöffnungszeiten. Die Beschäftigung wird immer flexibler, immer länger und immer abhängiger vom Auftragseingang. Im Gegenzug wird die 5-Tage-Woche immer seltener.

Die WSI-Untersuchung kommt zu dem Schluss, dass flexible Arbeitszeitmuster die Oberhand gewonnen haben. Einen wesentlichen Einfluss auf diese Entwicklung hatte die Einführung von Arbeitszeitkonten. Parallel dazu habe eine Polarisierung der Arbeitszeiten stattgefunden: Zum einen werden die Arbeitszeiten der Vollzeitbeschäftigten länger – gleichzeitig steigt die Zahl der Teilzeitbeschäftigten und Minijobber.

Auslaufmodell Normalarbeitszeit?
Normalarbeitsverhältnis: Vollzeitbeschäftigung, zwischen 35 und 42 Stunden, von Montag bis Freitag, ohne Schichtdienst, Überstunden und Gleitzeit.

Normalarbeitszeit gilt nur noch für einen geringen (und weiter abnehmenden) Teil der Beschäftigten.

Über 100 Jahre lang ist die Arbeitszeit verkürzt worden. Dieser Trend wurde in den letzten Jahren abrupt gestoppt und umgekehrt. Die wöchentliche Arbeitszeit der Vollzeitbeschäftigten ist zwischen 2003 und 2006 auf durchschnittlich 41,8 Stunden gestiegen (HBS/Eurostat). Wesentliche Gründe dafür sind die Verlängerung der Regelarbeitszeiten in weiten Bereichen des öffentlichen Dienstes, aber auch in privatwirtschaftlichen Bereichen, sowie die gestiegene Zahl der Überstunden. Die WSI-Forscher sprechen von einer regelrechten Zeitenwende. *"Die 35-Stunden-Woche ist zerbröselt, nicht flächendeckend, sondern Betrieb für Betrieb"* (Seifert, in: NRZ vom 08.05.2007).

"Kranksein können wir uns nicht leisten"
Das Bundesgesundheitsministerium hat im Januar 2007 die Daten zur Entwicklung des Krankenstandes veröffentlicht. Danach steht fest: Der Krankenstand ist gegenüber 2005 noch einmal gesunken, von 3,32 auf 3,29 Prozent. Das entspricht 7,2 Krankentagen pro Jahr. 56 Prozent der Arbeitnehmer/-innen meldeten sich 2006 keinen einzigen Tag krank.
Damit hat der Krankenstand in Deutschland das niedrigste Niveau seit Einführung der gesetzlichen Lohnfortzahlung erreicht.

Krankenstand – Entwicklung seit 1991

Jahr	Anteil der krankheitsbedingten Fehlzeiten an der Soll-Arbeitszeit (Pflichtversicherte der GKV)
1991	4,90 Prozent
2000	4,22 Prozent
2006	3,29 Prozent

Quelle: Bundesgesundheitsministerium 2007

Dieser Trend hält auch 2007 weiter an. Wie eine Aufstellung des Bundesgesundheitsministeriums bestätigt, wurde im zweiten Quartal 2007 mit dem Wert von 2,96 Prozent ein weiteres, neues Rekordtief erreicht (WZ vom 17.07.2007).

Man könnte meinen, die deutschen Arbeitnehmer/-innen seien in den letzten Jahren immer gesünder geworden. Das ist natürlich ein Trugschluss! Der Rekordtiefstand hat andere Hintergründe. Als ein zentraler Punkt wird von allen Experten genannt, dass die Beschäftigten aus Angst vor Jobverlust vermehrt auch krank zur Arbeit gehen.

In einer Untersuchung der Bertelsmann-Stiftung vom Juli 2007 gaben 71 Prozent der Befragten an, mindestens einmal pro Jahr krank am Arbeitsplatz erschienen zu sein. 30 Prozent taten dies sogar gegen den ausdrücklichen Rat des Arztes (böcklerimpuls13/2007).

Weitere Gründe sind die sinkende Zahl belastender Tätigkeiten und die fortschreitende Verjüngung der Belegschaften (Stichwort „olympiareife Mannschaften"). Bei den Krankheiten stehen Muskel- und Skeletterkrankungen an erster Stelle. Stark angewachsen sind in den letzten Jahren vor allem psychische Erkrankungen. Ihr Anteil hat sich seit 1976 mehr als vervierfacht! Zwischen 2001 und 2006 haben die daraus resultierenden Ausfalltage um 17 Prozent zugenommen (FR vom 24.07.2007). Als Ursachen dafür sehen Experten u.a. den starken Zeitdruck, Stress und Konkurrenz. Hinzu kommen eine gestiegene Angst vor dem Jobverlust und eine generelle Unsicherheit. Depressionen und Neurosen nehmen zu.

Der Druck auf die Beschäftigten hat stark zugenommen. Oftmals ist die Arbeit so organisiert, *„dass Krankheit nicht vorkommen darf"*. Das führt oft auch zur Entsolidarisierung und nicht selten dazu, dass Krankheit verleugnet wird: *„Termindruck, knappe Personaldecke und das Aufeinanderangewiesensein im Team sorgen dafür, dass sich bei vielen Beschäftigten von selbst Mechanismen der Krankheitsverleugnung entwickeln"* (böcklerimpuls 6/2007, S. 7). Experten verweisen auf die beängstigende Tendenz, Krankheiten zu ignorieren, zu verschweigen und deshalb krank zur Arbeit zu kommen (vgl. ver.di, sopoinfo, S. 113). Das Sinken der Fehlzeiten kann insofern auch als ein gesundheitspolitisches Alarmzeichen gewertet werden (Kocyba/Voswinkel).

Häufigste Krankheitsarten

Krankheitsart	Anteil in Prozent
Muskeln/Skelett	26,5
Verletzungen	15,7
Atmungssystem	15,0
Psychische Störungen	8,9
Verdauungssystem	6,6
Kreislauf	4,6
Unklare Symptome	4,0
Sonstige	18,8

Quelle: BKK-Erhebung, zitiert nach FR vom 24.07.2007

Weniger krank bedeutet also nicht gesünder. Viele schleppen sich aus Angst um den Arbeitsplatz krank zur Arbeit. Mehr Stress im Berufsalltag, so sieht die Kehrseite des Aufschwungs für viele aus.
Arbeitgeber mag diese Entwicklung freuen. Bei Licht betrachtet ist das Rekordtief beim Krankenstand aber höchst ungesund.

Die Zukunft der Rentner/-innen in Deutschland

Immer mehr Rentner/-innen (und solche, die es einmal werden) machen sich Gedanken um ihre Zukunft. Hieß es früher einmal, die Rente sei sicher, so fragen sich heute immer mehr Menschen, wie sie zukünftig mit ihrer Rente auskommen und ein Leben in Würde führen können. Wir wollen kurz auf einige wesentliche Daten und Fakten hinweisen, die für die Diskussion um die Zukunft der Renten von Bedeutung sind:

Rentenbestand (Renten insgesamt) – Stand: 31.12.2005

	Westdeutschland	Ostdeutschland
Frauen	12,08 Mio.	3,22 Mio.
Männer	7,07 Mio.	1,75 Mio.
Gesamt	19,10 Mio.	4,97 Mio.

Quelle: Deutsche Rentenversicherung, Aktuelle Daten 2007

Bezugsdauer
Da die Lebenserwartung deutlich gestiegen ist, erhalten immer mehr Menschen länger ihre Altersbezüge. Im Jahr 1960 bezogen die Menschen in Deutschland nach dem Aus-

scheiden aus dem Beruf im Durchschnitt rund zehn Jahre lang Rente, heute sind es fast 17 Jahre.

Renteneintrittsalter

Das durchschnittliche Zugangsalter von Rentnerinnen/Rentnern ist bei den Arbeitnehmerinnen/Arbeitnehmern von 62,2 im Jahr 2000 auf 63,1 Jahre gestiegen.

Beitragssatz

Der Beitragssatz der Versicherten hat sich von 14,0 Prozent im Jahr 1960 auf 19,9 Prozent erhöht.

Rentenniveau

In dem Maße, wie die Bezugsdauer gestiegen ist, wurde das Rentenniveau Zug um Zug verringert. Die wesentlichen Einbrüche stehen aber erst noch bevor: Eine Standardrente für die alten Bundesländer beläuft sich derzeit auf brutto 14.110 Euro im Jahr. Netto, vor Steuern, sind es noch 12.796 Euro. Die verfügbare „Eckrente" beträgt damit monatlich in Westdeutschland 1.066 Euro. Dieser fiktive Durchschnittswert ist die Rente, die jemand erhält, der 45 Jahre mit durchschnittlichem Verdienst gearbeitet hat, nach Abzug der Kranken- und Pflegeversicherung.

Das Rentenniveau (Verhältnis Rente zu Jahresentgelt) beträgt damit brutto 47,9 Prozent. Im Jahr 1990 waren es noch 50,2 Prozent. Bei den tatsächlich gezahlten Renten sieht es so aus: Die durchschnittliche Altersrente beträgt aktuell bei den Männern 984,14 Euro und bei den Frauen 509,16 Euro (Bild-Zeitung vom 13.08.2007).

> **Eckrentner ...**
> Unter „Eckrentner" oder „Normalrentner" wird ein Rentner verstanden, der 45 Jahre lang sozialversicherungspflichtig arbeitet und dabei im Durchschnitt aller Arbeitnehmer/-innen verdient. Fakt ist, dass der von der Politik unterstellte „Eckrentner" wirklichkeitsfremd ist. Der „Eckrentner" ist ein höchst selten anzutreffendes Wesen. Realistisch sind allenfalls 40 Versicherungsjahre.
>
> **Standardrente**
> *„Das ist die Monatsrente eines Versicherten in der allgemeinen Rentenversicherung, der 45 Jahre lang stets ein Entgelt in Höhe des Durchschnittsentgelts aller Versicherten bezogen hat."*
> Quelle: DRV, Rentenversicherung in Zahlen

Rentenerhöhung

Die Rentner/-innen in Deutschland schauen auf sehr magere Jahre zurück. Nach drei Jahren mit Nullrunden gab es zum 1.7.2007 erstmals wieder eine minimale Erhöhung, nämlich um 0,54 Prozent. Dies macht für einen Eckrentner knapp sechs Euro monatlich. Die Rentner/-innen haben seit dem Jahr 2000 massive Einbußen hinnehmen müssen, ihre Kaufkraft ist erheblich geschwächt worden. Gründe dafür sind zum einen die drei Nullrunden. Aber auch in den Jahren mit Rentenerhöhung lag die Steigerungsrate mit einer Ausnahme unterhalb der Preissteigerungsrate.

Rentenanpassungen und Preissteigerungen (2000–2007) – Angaben für Westdeutschland in Prozent

Jahr	Rentenerhöhung	Preissteigerung	Reale Entwicklung
2000	0,60	1,4	- 0,8
2001	1,91	2,0	- 0,09
2002	2,16	1,4	+ 0,76
2003	1,04	1,1	- 0,06
2004	0,00	1,6	- 1,6
2005	0,00	2,0	- 2,0
2006	0,00	1,7	- 1,7
2007	0,54	1,9*	- 1,36

* Schätzung
Quelle: DRV/Eigene Berechnungen

Tatsächlich stellt sich die Situation der Rentner/-innen noch ungünstiger dar. Durch verschiedene Maßnahmen werden sie zusätzlich belastet:
- voller Krankenkassenbeitrag auf Betriebsrenten
- voller Beitrag zur Pflegeversicherung (zusätzlicher Beitrag von 0,25 % für kinderlose Rentner ab Jg. 1941)
- Einführung eines Nachhaltigkeitsfaktors, der i.d.R. einen rentenmindernden Effekt bei Rentenanpassungen hat
- Sonderbeitrag Krankenversicherung (0,9 % ab 01.07.2005)
- 2008 Erhöhung des Krankenkassenbeitrags (im Rahmen der Gesundheitsreform).

Zudem werden die Rentner/-innen (ebenso wie Studenten und Arbeitslose) von der Mehrwertsteuererhöhung in 2007 besonders hart getroffen, da sie nicht von der Senkung der Lohnnebenkosten profitieren können.

Auf die Rentner/-innen kommen weitere Belastungen zu, dazu zählen u.a.:
- Einführung der nachgelagerten Rentenbesteuerung
- Einschränkung der Bewertung von Ausbildungszeiten

- Heraufsetzung des frühestmöglichen Renteneintrittsalters bei Renten wegen Arbeitslosigkeit und nach Altersteilzeit auf 63 Jahre (betrifft die Jahrgänge 1946–1951)
- Rente mit 67.

Rentner/-innen werden zunehmend von der wirtschaftlichen Entwicklung abgekoppelt. In den letzten Jahren waren zweifelsohne sie die Verlierer der Sozialpolitik.

Teilzeitbeschäftigung und Armutslöhne führen dazu, dass immer mehr Menschen trotz harter Arbeit finanziell auf keinen grünen Zweig kommen und im Alter mit Minirenten abgespeist werden. Was ist das für eine Gesellschaft, in der viele Menschen ein Leben lang hart arbeiten und im Alter in die Bedürftigkeit rutschen?

Rente mit 67
Ab dem Jahr 2012 sollen die Altersgrenzen stufenweise ansteigen. Angehörige des Jahrgangs 1947 müssen als Erste einen Monat länger arbeiten. Ab dem Jahrgang 1964 greift die volle Anhebung auf 67 Jahre. Mit einer Ausnahme: Versicherte, die 45 Pflichtbeitragsjahre erreichen, können weiterhin abschlagsfrei mit 65 in Rente gehen. Eine komplette Übersicht findet sich im Anhang am Ende dieses Buches.

Kritik gibt es u.a. auch an den Ausnahmeregelungen (der sogenannten 45-Regelung), da dies eine Umverteilung zu Lasten der Frauen, der Erwerbsgeminderten, der Arbeitslosen und der Versicherten mit lückenhafter Beschäftigung bedeutet. So kommen derzeit rund 27 Prozent der Männer, aber nur vier Prozent der Frauen auf 45 Beitragsjahre. Fakt ist, dass heute nur 45 Prozent der über 50-Jährigen beschäftigt sind. Um diesen Missstand zu verändern, hat das Bundeskabinett das Programm „50plus" verabschiedet. Mit diesem Kombilohnmodell soll die Beschäftigungsquote der älteren Arbeitnehmer auf 50 Prozent gesteigert werden. Hier ist allerdings ein dickes Fragezeichen zu setzen, da – wie die Vergangenheit gezeigt hat – durch solche Lohnsubventionen kaum zusätzliche Arbeitsplätze entstehen.

Die Rente mit 67 ist ein Rentenkürzungsprogramm, da viele ältere Beschäftigte gar keine Chance auf einen Job haben.

Fakt ist, dass ohne einen funktionierenden Arbeitsmarkt, der Älteren die Möglichkeit bietet, sozialversicherungspflichtig beschäftigt zu sein, die Rente mit 67 nur längere Zeiten der Arbeitslosigkeit und damit mehr Armut im Alter bedeutet.

Zweites Kapitel: Das Kapital

Nicht mehr die Frage, was,
für wen oder wie produziert wird
steht im Raum,
sondern eine abstrakte Profitgier.

Vom rheinischen Kapitalismus zum Turbo-Kapitalismus

Unter Kapitalismus versteht man eine Wirtschaftsordnung, die sich durch Privateigentum an Produktionsmitteln und durch Produktion für einen den Preis bestimmenden Markt auszeichnet. Die Begriffe Kapitalismus und Marktwirtschaft werden oft in einem Atemzug genannt. Die Produktionsmittel sind überwiegend im Besitz einer Personen- oder Kapitalgesellschaft. Sie können entweder inhaber- oder managergeführt sein. Der Kapitalist strebt nach Maximierung seiner Rendite. In aller Regel spielen jedoch auch noch andere Kriterien eine Rolle, so z.B. soziale, ethische oder ökologische Aspekte.

Wesentlicher Antrieb im Kapitalismus ist das Streben nach möglichst hohem Profit. Dies ist keine neue Erkenntnis, allerdings war es über lange Zeit der Fall, dass sich die jeweiligen Eigentümer oder Kapitaleigner mit einer „angemessenen" Verzinsung des eingesetzten Kapitals zufriedengaben und man ansonsten das Management „in Ruhe arbeiten ließ". Ebenso galt, dass Anteilseigner und Management auch an einer längerfristigen Perspektive für das jeweilige Unternehmen interessiert waren.

Heute dominiert eine auf kurzfristige maximale Rendite getrimmte Ökonomie und ein neoliberales Denken und Handeln. Im Mittelpunkt steht allein die Maximierung des Shareholder Value – Menschen sind Kostenfaktoren.

> Shareholder Value ist der Wert, den die Aktiengesellschaft für die Kapitaleigner hat. Dies wird bestimmt durch Kursentwicklung, Dividendenhöhe und Bezugsrechte. Priorität haben Kursgewinne.
>
> Um den Shareholder Value zu steigern, setzt das Management den Druck der Shareholder in betriebliche Aktionen zur Kostensenkung (Personalreduzierung) um.

Der Shareholder-Value-Ansatz

Der Shareholder-Value-Ansatz geht auf ein im Jahr 1986 veröffentlichtes Buch von *A. Rappaport* zurück. Die Unternehmensleitung ist danach verpflichtet, im Sinne der Anteilseigner zu handeln. Die Maximierung der Verzinsung des Eigenkapitals hat oberste Priorität, der Aktionär (Shareholder) steht absolut im Mittelpunkt. Arbeitnehmer/-innen sind Mittel zum Zweck, sie werden als Kostenfaktoren betrachtet und meist auch so behandelt. Eine Schlüsselrolle kommt dem Topmanagement zu. Um ihr Interesse an schnell steigenden Börsenkursen anzufachen, erhalten die Manager in Form spezieller Vergütungssysteme (Aktienpakete, stock options) ungewöhnlich hohe Anreize. Auf diese Weise sollen sie zu massiven Renditesteigerungen getrieben werden. Erstmals wurde dieses Mittel in den USA von aggressiven Investoren eingesetzt.

Der Kreislauf der Habgier

Durch diese Vergütungssysteme wurde in den USA eine „Orgie der Selbstbereicherung" für Topmanager ausgelöst. Wer sehr schnell den Börsenkurs steigern konnte, wurde auch sehr schnell sehr reich. So kam es zu einem regelrechten „Kreislauf der Habgier", mit Auswüchsen bis hin zur Bilanzfälschung. Was ursprünglich als Anreizsystem für das Management gedacht war, hat sich vielfach als ein Instrument zur Selbstbereicherung erwiesen.

Kritik am Shareholder-Kapitalismus

Nach mehreren Bilanzskandalen und teilweise obszönen Einkommenssteigerungen für Top-Manager kam in den USA schon Mitte der 1990er Jahre Kritik am Shareholder-Value-Ansatz auf. Die kurzfristig ausgerichtete Politik der Profitmaximierung führe nicht dazu, dauerhaften Wertzuwachs zu schaffen – so die Kritiker. Die Ausrichtung des Unternehmens an den kurzfristigen Aktionärsinteressen führe zu einer Fehlsteuerung. Das sei kurzsichtig und nicht im Interesse langfristig orientierter Investoren. Zentraler Kritikpunkt ist die Ausrichtung des Managements am kurzfristigen Erfolg. Wenn das Management in diesem Sinne handelt, dann wird immer mehr Unternehmenssubstanz an die Aktionäre ausgeschüttet. Die kurzfristige Kostenreduzierung geht zu Lasten einer langfristigen Strategieplanung, Ausgaben für die Forschung und Entwicklung und Personalentwicklung werden unterlassen.

Die einseitig aktionärsfreundliche Unternehmenspolitik geht aber vor allem zu Lasten der Beschäftigten. Tausende von Arbeitsplätzen werden für das Erreichen kurzfristiger Kursgewinne geopfert. Schon die Ankündigung und Veröffentlichung von Personalabbau wirkt sich an der Börse i. d. R. kurssteigernd aus und vergrößert den Shareholder Value.

Neue Akteure: Die Heuschrecken

Die Kritik hat letztendlich wenig bewirkt. Ende der 1990er Jahre verschärfte sich mit dem Boom der New Economy der Druck der mächtigen Shareholder auf die Steigerung des Kurswerts der Aktiengesellschaften massiv. Eine neue Gruppe von Shareholdern trat auf den Plan, die hierzulande als „Heuschrecken" Bekanntheit erlangt hat.

> *"Manche Finanzinvestoren verschwenden keine Gedanken an die Menschen, deren Arbeitsplätze sie vernichten – sie bleiben anonym, haben kein Gesicht, fallen wie Heuschreckenschwärme über Unternehmen her, grasen sie ab und ziehen weiter. Gegen diese Form des Kapitalismus kämpfen wir."*
> Interview mit F. Müntefering, Bild am Sonntag vom 17.04.2005

Die milliardenschweren Hedge-Fonds und Private-Equity-Fonds waren vor wenigen Jahren in Deutschland noch weitgehend unbekannt. Dies hat sich allerdings „dank" der Steuerpolitik der Bundesregierung grundlegend verändert. Während die Fonds öffentlich scharf kritisiert wurden, hat ihnen gleichzeitig die damals SPD-geführte Bundesregierung mit ihrer Großen Steuerreform den Weg geebnet. Im Unterschied zu privaten Anlegern haben die Fonds das Privileg eingeräumt bekommen, Beteiligungen sehr kurzfristig halten zu können, ohne Veräußerungsgewinne versteuern zu müssen. Große Konzerne haben in der Folge Beteiligungen abgestoßen, die nicht zum Kerngeschäft gehörten („Ende der Deutschland AG"). Dies war ein gefundenes Fressen für die milliardenschweren Fonds.

Was sind Hedge-Fonds?

Hedge-Fonds sammeln das Geld von Pensionskassen, Versicherungen und sehr reichen Personen, denen die Börsen zu wenig Gewinn bieten. Es handelt sich dabei um sogenannte „geschlossene" Kapitalanlagegesellschaften, die nur für vermögende Privatleute und institutionelle Anleger zugänglich sind. Die Hedge-Fonds sammeln also „überschüssige" Liquidität und versuchen diese weltweit möglichst gewinnmaximierend zu platzieren. Die Fonds verfolgen mehrere Ziele. Es geht ihnen darum, Unternehmen spekulativ zu entwerten, Einfluss auf Unternehmensentscheidungen zu nehmen, Unternehmen(-steile) zu übernehmen bzw. zu kaufen und profitable Teile zu verwerten. Als neue Märkte sind derzeit u.a. die Energie- und Rohstoffmärkte und der Immobiliensektor im Visier.

Das Geschäft dieser Fonds basiert auf einer sehr risikoreichen Spekulation an der Börse. Eine „Spezialität" ist das Wetten auf fallende Kurse. Eine Strategie ist, über sogenannte Leerverkäufe (auch „Long Short Equity") Gewinne zu erzielen. Gehen die Hedge-Fonds davon aus, dass Aktien einer bestimmten Firma fallen, leihen sie sich Aktien dieser Firma zum Tageskurs von einem Investor aus und verkaufen diese an der Börse zum aktuellen Kurs. Da die Aktien nur geliehen sind, müssen sie zu einem späteren Zeitpunkt zurückgegeben werden. Dazu müssen dann wieder die Aktien in der entliehenen Menge am Aktienmarkt gekauft werden. Sind die Kurse zwischenzeitlich wie erwartet gefallen, benötigt der Fondsmanager für den Rückkauf weniger Kapital, als er für den Kauf ausgegeben hat. Abzüglich der Zinsen für das Leihen der Aktien hat er somit einen Gewinn gemacht.

Die Hedge-Fonds können in kürzester Zeit enorme Gewinne verbuchen. Diese hohe Rendite bedeutet aber auch ein sehr hohes Risiko. Geht nämlich die Rechnung (z.B. Kursverfall) nicht auf, dann ist nicht nur das vorhandene, sondern auch das geliehene Kapital weg. 1998 kam es zur bisher größten Krise: Der Hedge-Fonds Long-Term Capital Management (LTCM) machte mit Währungsspekulationen riesige Verluste. Die US-Notenbank musste schließlich eingreifen, um das Zusammenbrechen mehrerer großer Banken zu verhindern. Mitte 2007 sorgte die finanzielle Schieflage von zwei Hedge-Fonds der US-Investmentbank Bear Stearns für ganz erhebliche Nervosität an den Märkten ...

Die größten Hedge-Fonds

Die amerikanische Fachzeitschrift Alpha hat Mitte 2007 eine Studie über die größten Hedge-Fonds der Welt vorgelegt. Die wichtigsten Ergebnisse:
- Insgesamt gibt es derzeit rund 9.000 solcher Fonds mit einem Gesamtvermögen von ca. 1,6 Billionen (1.600 Milliarden) US-Dollar.
- Die Konzentration in der Branche ist enorm: Die 100 größten Hedge-Fonds verwalten ein Vermögen von über einer Billion US-Dollar. Gegenüber dem Vorjahr bedeutet das ein Plus von 39 Prozent.
- Acht der zehn größten Hedge-Fonds kommen aus den USA, zwei (Barclays, MAN) sind britischer Herkunft.
- Den größten Sprung machte im Jahr 2007 JP Morgan von Platz 24 auf Platz 1. Ein weiterer „Aufsteiger" ist Renaissance (von 26 auf 6).

Die Top 10-Hedge-Fonds-Gesellschaften – verwaltetes Vermögen in Mrd. US-$

2007	2006	Firma	Kapital
1	24	JP Morgan Asset Management	33,1
2	1	Goldman Sachs Asset Management	32,5
3	2	Bridgewater Associates	30,2
4	3	D.E. Shaw Group	27,3
5	4	Farallon Capital Management	26,2
6	26	Renaissance Technologies Corp.	26,0
7	7	Och-Ziff Capital Management Group	21,0
8	6	Barclays Global Investors	18,8
9	8	MAN Investments	18,6
10	5	ESL Investments	17,5

Quelle: HB vom 24.05.2007

Was sind Private-Equity-Fonds?

Ähnlich wie die Hedge-Fonds sammeln auch diese Fonds vorrangig das „überschüssige" Geld potenter Anleger, um es weltweit möglichst gewinnmaximierend zu platzieren. Während die Hedge-Fonds an den Börsen agieren und dabei weitgehend im Verborgenen bleiben, konzentrieren sich die Private-Equity-Fonds auf das Kapital außerhalb der Börsen. Im Unterschied zu den Hedge-Fonds sind sie vor allem auch an mittelständischen Firmen interessiert (vgl. dazu Hesse).

Ein Schwerpunkt der Private-Equity-Fonds ist es, mittelständische Unternehmen aufzukaufen und sie innerhalb von 2 bis 5 Jahren wieder mit Gewinn zu verkaufen. Die Anleger sind anteilig an diesem Gewinn beteiligt. Meist setzen die Fonds während dieser Zeit angelsächsische Managementmethoden durch und trimmen die erworbenen Unternehmen auf Rendite - sei es durch Sparrunden und/oder Umbau (Umstrukturierung, Zerschlagung, Sanierung). Entscheidend ist allein, dass der Wiederverkaufswert deutlich erhöht wird. Bei jungen Unternehmen wird oft versucht, im Zuge eines Börsengangs Kasse zu machen. Private-Equity-Fonds beteiligen sich z.T. aber auch an großen Kapitalgesellschaften, wie z.B. Blackstone an der Deutschen Telekom. Das Ziel ist, den Shareholder Value in der Zwischenzeit drastisch zu erhöhen, um die Beteiligung mit Profit wieder abzustoßen.

Berüchtigt sind die Finanzierungsmethoden: Sie operieren mit relativ wenig eigenem Geld und kaufen mit geliehenem Geld eine Firma. Zinsen für das Fremdkapital werden aus der übernommenen Firma bzw. aus deren Ertrag abgesichert. Die übernommene Firma macht deshalb i.d.R. binnen Kurzem enorme Schulden. Die Zinskosten drücken das Ergebnis. Die übernommene Firma zahlt keine Steuern mehr (Verlustvorträge), d.h. das Finanzamt bzw. die Allgemeinheit subventioniert die Übernahme.

> **„Heuschreckenlogik"**
> Deutschlands größte private Sendergruppe Pro Sieben Sat 1 ist im Frühjahr 2007 von den Finanzinvestoren KKR und Permira geschluckt worden. KKR und Permira wiederum haben Anfang Juli 2007 ihre Luxemburger TV-Beteiligung SBS für 3,3 Milliarden Euro an Pro Sieben Sat 1 verkauft. Dafür musste sich der Sender hoch verschulden. Konsequenz: Jetzt plant das Unternehmen einen massiven Stellenabbau. Nach Angaben von ver.di stehen bis zu 300 Stellen auf der Kippe. *„Die Wirtschaftskraft des Unternehmens Pro Sieben Sat 1 wird weit über Gebühr mit dem Schuldendienst für den Investor belastet."* (ver.di-PM vom 16.07.2007)

Aktuelle Trends: Nach einer Studie der Beratungsgesellschaft FHP Private Equity gibt es rund 1.000 mittelständische Unternehmen, die für Finanzinvestoren „interessant" sind. Danach steht auch fest, dass sich die Private-Equity-Fonds derzeit schneller von ihren Beteiligungen trennen, nämlich im Durchschnitt nach zwei bis zweieinhalb Jahren.

Grund dafür ist, dass die Renditeziele noch früher erreicht werden als geplant (HB vom 17.07.2007).

Die größten Private-Equity-Gesellschaften und ihre Aktivitäten in Deutschland

Gesellschaft	Verwaltetes Vermögen	Beteiligungen
Blackstone	88 Mrd. $	Gerresheimer, Klöckner Pentaplast, Deutsche Telekom
Kohlberg Kravis Roberts (KKR)	k. A.	Klion, Pro Sieben SAT 1, Duales System Deutschland, Auto-Teile-Unger, Dynamit Nobel
Carlyle	59 Mrd. $	HT Troplast, Edscha
Fortress	36 Mrd. $	Gagfah, einzelne Büro-Portfolien
Texas Pacific Group	30 Mrd. $	Grohe, Isola
Cerberus	23,5 Mrd. $	Chrysler, Bawag, Peguform, GSW, Baubecon, Debis Ais Finance, HKB Bank
Apax Partners	20 Mrd. $	Ifco, LR International, Versatel, Q-Cells
Permira	k. A.	Pro Sieben SAT 1, Cognis, Debitel, Takko
Terra Firma	k. A.	Deutsche Annington, Tank & Rast, Odeon/UCI
General Atlantic	14 Mrd. $	Navigon, LHS Group, Compugroup
Odewald & Cie.	k. A.	TFL, Zehnacker, Trans-o-flex, Kaffee Partner, Mateco, Packaging Group
EQT	11 Mrd. $	Tognum, Kabel Baden-Württemberg, CBR, Carl Zeiss Vision
Investcorp	10 Mrd. $	Time Partner, Armacell

Quelle: FTD vom 25.06.2007

Noch mehr „frisches" Geld: PE-Fonds an der Börse

Nach Fortress ist Mitte 2007 auch Blackstone an die Börse gegangen. Zwei Wochen nach dem erfolgreichen Börsengang von Blackstone gab auch KKR bekannt, ebenfalls an die Börse gehen zu wollen. Dies markiert nach Einschätzung von Finanzexperten einen *„historischen Meilenstein"* und ist *„Ausdruck dafür, dass sich die Macht in der Wirtschaft zugunsten der Finanzinvestoren verschoben hat"* (HB vom 25.06.2007).

„Ich will Krieg, kein Geplänkel"
Nur wenige Informationen gab es bisher darüber, was die Eigentümer dieser Fonds verdienen. Dies hat sich durch Veröffentlichungen der amerikanischen Börsenaufsicht SEC geändert. Der Chef und Mitbegründer von Blackstone, Stephen Schwarzmann, hat im Jahr 2006 sage und schreibe 398,3 Millionen US-Dollar „verdient". Der andere Blackstone-Mitbegründer, der 81-jährige Peter Peterson, strich nochmals knapp 213 Millionen ein. Das meldete Mitte 2007 die US-Börsenaufsicht. (HB vom 12.06.2007)

Bekannt geworden ist dies, weil Blackstone in New York an die Börse gegangen ist und deshalb Details wie Vorstandsgehälter veröffentlicht werden mussten. Über die Einkünfte der anderen Fonds-Vorstände gibt es aber nach wie vor kaum Informationen. Sicherlich spiegeln aber die Bezüge der Blackstone-Manager die Profitsituation in der gesamten Branche wider.

Schwarzmann, von dem es heißt, er trete stets in feinen Nadelstreifen auf, steht für eine äußerst aggressive Politik. Überliefert sind u.a. folgenden Zitate:
- *„Ich denke ständig darüber nach, was die andere Person fertigmachen könnte."*
- *„Ich will Krieg, kein Geplänkel."*

zitiert nach: FTD vom 12.06.2007

Privilegierte Heuschrecken

Wenn sich die Methoden dieser Fonds auch unterscheiden, so gibt es doch einige wesentliche „Gemeinsamkeiten":
- Sie haben ihren Rechtssitz überwiegend in sogenannten Offshorezentren, z.B. den Cayman-Inseln. In diesen Steueroasen ist dann auch das Anlagevermögen registriert. Auf diese Weise entziehen sie sich weitgehend einer wirksamen Finanzaufsicht und können völlig unkontrolliert operieren. Weil sie kaum Steuern zahlen, erzielen sie riesige Gewinne. Der Staat fördert also durch bewusstes Handeln bzw. Nicht-Handeln das unsoziale „Treiben" dieser Fonds.
- Sie kombinieren das von ihnen eingesammelte Kapital mit einem sehr hohen Kreditanteil. Dieser beträgt bei den Private-Equity-Firmen zwischen 60 und 80 Prozent. Bei Hedge-Fonds reicht dies oft über 90 Prozent hinaus!

Sowohl Hedge-Fonds als auch Private-Equity-Fonds sind nicht an einer langfristigen Stärkung der produktiven Substanz der Unternehmen interessiert. Die Fonds wollen nicht mit den Unternehmen Geld verdienen, sondern an ihnen! Unternehmen werden damit zur austauschbaren Ware.

> „Damit die Fonds üppig verdienen können, müssen die gekauften Firmen in der Regel hart sparen."
> Karl-Heinz Büschemann

Besonders problematisch ist hierbei die Rolle der großen Privatbanken. Es fällt auf, dass sie sich mit ihrer Kritik an den aggressiven Fonds „vornehm" zurückhalten, weil viele von ihnen mit den Finanzinvestoren glänzende Geschäfte machen bzw. gemacht haben. Dabei sind einige Großbanken mittlerweile selbst zu Objekten der Begierde für die „Heuschrecken" geworden.

Müssen die Fonds privilegiert werden?

Für viele ist es vollkommen unverständlich, dass diese Fonds steuerlich bevorteilt werden sollen. In Deutschland sei in punkto Private Equity noch ein erheblicher Nachholbedarf, so der Branchenverband BVK (Bundesverband Deutscher Kapitalbeteiligungsgesellschaften). Beteiligungskapitalinvestitionen machten hierzulande einen Anteil von 0,25 Prozent vom BIP aus, im europäischen Durchschnitt dagegen seien es 0,4 Prozent. Der Interessenverband behauptet, die deutsche Wirtschaft brauche das Geld dieser Fonds – und ohne Steuerfreiheit würde man in Deutschland halt nicht investieren.

Die Bundesregierung ist dieser „Logik" weitgehend gefolgt. Im August 2007 hat das Kabinett den Entwurf für ein „Gesetz zur Modernisierung der Rahmenbedingungen für Kapitalbeteiligungen" verabschiedet, dieses wurde von der Private-Equity-Branche „sehr begrüßt". Entgegen der Argumentation des Interessenverbandes BVK haben Kritiker der geplanten weitgehenden Steuerfreiheit für die Fonds-Branche festgestellt:

„Es herrscht, wie von der Deutschen Bundesbank wiederholt offiziell klargestellt, in Deutschland keineswegs ein Mangel an Finanzkapital."

„Durch die Privilegierung können die Fonds z.B. höhere Kaufpreise für ihre Zielobjekte zahlen als regulierte und voll steuerpflichtige Konkurrenten."

„Andere Finanzdienstleister werden für die gleiche Tätigkeit nicht steuerlich begünstigt."
Jarass/Obermair, S. 3

Die IG Metall kritisiert den vorliegenden Gesetzesentwurf und fordert in einer Stellungnahme dazu auf, Private Equity nicht zu fördern, sondern zu fordern. Die Gewerkschaft erwartet von der Bundesregierung, dass sie eine Regierungskommission „Private-Equity-Kodex" einsetzt (IGM, Wirtschaft aktuell).

Finanzkrise – Krise der Heuschrecken?

Anfang August 2007 kam es infolge der US-Immobilienkrise zu einer internationalen Kreditkrise. Die vorher teilweise sehr „sorglos" handelnden Banken sind vorsichtiger und das Geschäft mit kreditfinanzierten Übernahmen ist daraufhin schwieriger geworden. Das Handelsblatt sprach in diesem Zusammenhang sogar schon von einem Ende der „Private Party". Da es mit der überbordenden Liquidität erst einmal vorbei sei, müssten jetzt Blackstone, KKR und Co. künftig bei Firmenübernahmen den Anteil von Fremdkapital drastisch reduzieren. *„Nur noch auf Pump kaufen geht nicht mehr!"* (HB vom 06.08.2007).

Richtig ist, dass die Geschäfte zwischenzeitig zwar erschwert wurden, von einem Ende der „Party" kann aber kaum die Rede sein. Nach wie vor gibt es weltweit so viel Liquidität wie nie zuvor. Die Private-Equity-Häuser sind jetzt auf der Suche nach neuen Kreditgebern. Dabei wollen sie sich offenbar an die Staatsfonds wenden. Ein führender Manager des Finanzinvestors Carlyle stellte fest: *„Vielleicht wenden wir uns an Staatsfonds, die könnten die Fremdfinanzierung übernehmen"* (HB vom 22.08.2007).

Die Struktur der Kapitalgeber

Wenn man sich die Struktur der internationalen Kapitalgeber anschaut, wird man schnell feststellen, dass die sogenannten institutionellen Anleger (Pensionsfonds, Versicherungen, Investmentfonds) immer noch die mit Abstand größte Gruppe bilden. Deren Vermögen hat sich von 1980 bis 2005 von 2,9 auf sagenhafte 55,0 Billionen US-Dollar erhöht.

Im Vergleich zu den institutionellen Anlegern beträgt das Fondsvermögen der Heuschrecken gerade einmal fünf Prozent. Allerdings ist der Wirkungsgrad dieser Fonds an den Finanzmärkten sehr hoch, weil sie ihre Engagements mittels Krediten und sogenannter Derivate hebeln, d.h. verstärken können („Hebelwirkung"). Sie bewegen also ein Vielfaches des Kapitals, das sie selbst besitzen.

Obwohl diese Fonds nur über einen Bruchteil des weltweit vorhandenen Anlagevermögens verfügen, gelten sie heute bereits als die wichtigsten Akteure auf den Finanzmärkten. Das hängt auch damit zusammen, dass sie untereinander um die Gunst der Anleger kämpfen und dabei in den betroffenen Firmen immer rabiatere Methoden anwenden.

Die Akteure an den Finanzmärkten

	Vermögen in Billionen $	Woher kommt das Geld?	Wohin geht das Geld?
Institutionelle Anleger (IA)	55,0		
Pensionsfonds	20,6	Rentenversicherungsbeiträge	Staatsanleihen, börsennotierte AGs, PEF, HF
Versicherungen	16,6	Prämien	Staatsanleihen, börsennotierte AGs, Andere
Investmentfonds	17,8	Ersparnisse Banken	Staatsanleihen, AGs, Andere
Private-Equity-Firmen (PEF)	1,0	Pensionsfonds, Banken, Investmentfonds, vermögende Privatpersonen	Restrukturierung und Verkauf, mittelfristige Höchstrenditen für Geldgeber
Hedge-Fonds (HF)	1,2	vermögende Privatpersonen, Pensionsfonds, Banken	schnelle Höchstrenditen und Ausschüttung an die Geldgeber

Quelle: Huffschmid, S. 692, Stand 2006

Hungrige Heuschrecken – aktuelle Schlagzeilen
- Mitte Mai 2007 hat der Finanzinvestor Cerberus für 5,5 Milliarden Euro 80 Prozent des US-Autobauers Chrysler erworben. Die Börse „begrüßte" den Verkauf: Die Aktie zog am gleichen Tag um acht Prozent an.
- *„Permira greift nach Valentino"* (HB vom 18.05.2007)
- *„Terra Firma übernimmt Musikkonzern EMI"* (RP vom 22.05.2007)
- *„Lebensversicherungen sollen zukünftig zehn Prozent des gebundenen Kapitals auch in Hedge-Fonds investieren können"* (RP vom 19.06.2007)
- *„Finanzinvestor Advent kauft Takko (Deutschlands zweitgrößter Modediscounter) für 770 Millionen Euro"* (HB vom 03.07.2007)
- *„Blackstone übernimmt die Hilton-Hotels für 26 Milliarden US-Dollar"* (HB vom 5.7.2007)
- *„Der amerikanische Finanzinvestor Hellman & Friedman sucht Einstieg in DAX"* (HB vom 12.07.2007)
- *„Blackstone ist Favorit für die Übernahme des britischen Konzerns Cadbury-Schweppes"* (HB vom 16.07.2007)

- *„ABN Amro ist die erste Bank, die durch Angriffe von Hedge-Fonds unter Druck kam – als möglicher weiterer Kandidat wird die Schweizer Großbank UBS gehandelt"* (HB vom 13.07.2007)
- *„Permira übernimmt das Ruder bei Boss"* (FR vom 25.08.2007).

Die größten PE-Transaktionen 2006

Unternehmen	Beteiligung/Übernahme	Kaufpreis in Mrd. Euro
ProSiebenSat1 Media	Permira + KKR	5,9
KarstadtQuelle Warenhäuser	Whitehall Street Fund	4,5
Altana Pharma	Nycomed (Nordic Capital + Blackstone + CSFB)	4,2
Kion Group (Linde Gapelstabler)	KKR + Goldman Sachs + Capital Partners	4,0
Europcar	Eurazeo	3,1

Quelle: Ernst & Young

Staatsfonds ante portas?

Nicht nur die hier genannten Finanzinvestoren haben prallgefüllte („Kriegs"-)Kassen. Staatsfonds aus China, Russland oder arabischen Ölstaaten verfügen über immense Mittel und zeigen verstärkt Interesse, deutsche Unternehmen aufzukaufen. Ökonomen von Morgan Stanley schätzen, dass Staatsholdings schon 2015 über 12 Billionen $ verfügen könnten (HB vom 16.07.2007). In Deutschland hat eine kontroverse Diskussion darüber begonnen, ob und wie die Bundesregierung deutsche Unternehmen vor unerwünschten ausländischen Investoren schützen kann.

Die größten Staatsfonds

Fonds	Land	Fondsvolumen in Mrd. US-Dollar
Abu Dhabi Investment Authority	Ver. Arab. Emirate	875
Government of Singapore Investment Corp.	Singapur	330
Government Pension Fund – Global	Norwegen	300
State FX Investment Corp. + Hueijing Co.	China	300
Stabilization Fund	Russland	100
Temasek Holdings	Singapur	100
Kuwait Investment Authority	Kuwait	70

Quelle: FR vom 25.08.2007 (Morgan Stanley)

Der Turbo im Kapitalismus

Durch das massive Auftreten dieser Fonds ist eine neue Stufe des Kapitalismus markiert. Milliarden von Spekulationskapital werden in die Firmen gelenkt. Die Unternehmenspolitik wird dadurch immer mehr von den Finanzmärkten bestimmt. Die Konkurrenz der riesigen Fonds untereinander treibt diese Entwicklung noch weiter an, denn je höher die Rendite, die die Fonds für ihre Kunden erwirtschaften, umso größer sind die Finanzmittel, die ihnen zur Verfügung gestellt werden.

Die Fonds wirken *„wie ein Turbo, mit dem die Drehzahl der Kapitalismusmaschine permanent erhöht wird"* (Hickel). Dieser Turbo funktioniert nach folgenden Regeln:
- Die Kapitalgeber verlangen von den Fonds für ihre Einlagen eine maximale Rendite – egal wie diese zustande kommt.
- Die Fonds-Manager setzen die vorhandenen Finanzmittel in den beteiligten Unternehmen ein und stellen dem dortigen Management knallharte Bedingungen. Sind sie erfolgreich, kassieren sie kräftig vom „erwirtschafteten" Fonds-Profit.
- Die Topmanager in den jeweiligen Unternehmen geben den Druck der Fonds weiter, i.d.R. zu Lasten der Beschäftigten. Entwickeln sich die Zahlen wie gewünscht, so kassiert das Management seinerseits einen Teil des Unternehmensgewinns.

Die Konkurrenz zwischen den Konzernen wird von den Finanzmärkten massiv angefacht. Dies führt zu klaren Gewinnvorgaben in den Konzernen und einem permanenten Benchmarking. In den Unternehmen kommt es zu einem ständigen Wettbewerb, mit dem Ziel, die Personalkosten zu senken. Zur Disposition stehen dabei alle sozialen Schutzmechanismen, von der tarifvertraglichen Begrenzung der Wochenarbeitszeit bis hin zum Gesundheitsschutz. Alles wird in den „Dienst" des Profits gestellt ...

Einige Maßnahmen, die den Aktienkurs steigern:
- Ankündigungen von Personalabbau
- Personalabbau
- Drohung, Unternehmensteile in Billiglohnländer zu verlagern
- Verlagerung von Unternehmensteilen ins Ausland
- Ausgliederung/Outsourcing
- Einsatz von Leiharbeitern
- Verlängerung der Arbeitszeit
- Absenkung von Tarifstandards
- Kürzungen/Streichung von übertariflichen Zulagen oder Leistungen.

Höhere Renditen werden durch stagnierende Löhne, Leistungsverdichtung, Mehrarbeit und Arbeitsplatzvernichtung „erwirtschaftet".

Kennzeichnend für den Shareholder-Kapitalismus ist die zunehmende Anonymisierung des Wirtschaftens. Die Unternehmensmanager beugen sich dem Druck der Fondsmanager, die wiederum auf die Zwänge eines anonymen Marktes verweisen. Die Antreiber und eigentlich Verantwortlichen bleiben im Hintergrund.

Nicht mehr die Frage, was, für wen oder wie produziert wird, steht im Raum, sondern reine Profitgier.

> **Größte Bescherung aller Zeiten**
> Die Frankfurter Rundschau meldete in ihrer Ausgabe vom 23.12.2006: *„Londons Investment-Banker feiern diesen Dezember mit ihren Jahres-Gratifikationen die größte Bescherung aller Zeiten".* So müssten durchschnittlich verdienende Londoner *„ungefähr zweitausend Jahre lang schuften (...), um auf das Jahresgehalt eines einzigen wohldotierten Londoner Investment-Bankers zu kommen."*

Mehr, mehr, mehr ...
Kapitalrenditen von zehn Prozent, vor einigen Jahren noch „Traumergebnisse", werden heute als nicht mehr ausreichend bezeichnet. Selbst Superprofite sind kein Garant mehr dafür, dass die Arbeitsplätze sicher sind. *„Ohne Rücksicht auf die reale ökonomische Basis werden Unternehmen mit horrenden Renditeerwartungen konfrontiert (...). So wird beispielsweise nach einer Analystenbesprechung ein ökonomisch gesundes Unternehmen mit einer Eigenkapitalrendite von acht Prozent plötzlich auf die dringend zu erreichende Zielnorm von 20 oder 25 Prozent eingestimmt"* (Hickel, Turbo, S. 1478).

Der Heißhunger nach immer mehr Profit führt dazu, dass die Unternehmen zu Gewinnmaschinen degradiert werden. Wenn heute 25 Prozent Rendite gefordert werden, wie viel mögen es dann morgen sein? 40, 50 oder 100 Prozent?

Globalisierung – Fluch oder Segen?
Manager begründen ihre radikalen Personalentscheidungen oftmals mit den sogenannten Sachzwängen der Globalisierung. Kritik wird damit abgetan, dass die Wirtschaft nun einmal weltweit vernetzt sei und es deshalb keine „Inseln der Glückseligkeit" mehr gäbe. Kaum eine Woche ist vergangen, in der nicht Unternehmensvorstände verkündeten, Arbeitsplätze oder gar ganze Firmen ins „billigere" Ausland zu verlagern. Ein regelrechtes Horrorszenario wurde aufgebaut: Wenn Betriebsrat und/oder Gewerkschaft nicht „vernünftig" seien, stünden die Arbeitsplätze in Deutschland zur Disposition. Was steckt hinter diesen Drohungen? Was versteht man eigentlich unter Globalisierung?

Was ist Globalisierung?

Unter Globalisierung versteht man generell Prozesse der zunehmenden internationalen Verflechtung verschiedenster Bereiche (Wirtschaft, Politik, Kultur, Umwelt usw.). Bei rein ökonomischer Betrachtung handelt es sich um die strategische Ausrichtung grenzüberschreitend tätiger Unternehmen mit dem Ziel, durch Ausnutzung von Kosten- und Standortvorteilen in verschiedenen Ländern Wettbewerbsvorteile zu erzielen. Das Pro und Kontra der Globalisierung wird kontrovers diskutiert. Folgende Argumente der Globalisierungsbefürworter und -gegner treffen dabei aufeinander:

Pro:
- Globalisierung fördert Wachstum und erhöht den Wohlstand der beteiligten Produzenten.
- Durch weltweit wachsende Arbeitsmärkte steigen Exporte, andere Güter können billiger importiert werden.
- Globalisierung führt zu einer Beschleunigung des technischen Fortschritts.
- Globalisierung fördert den Kulturaustausch – die Menschen lernen voneinander ...

Kontra:
- Globalisierung konzentriert sich auf Märkte und Geschäftsbeziehungen. Menschenrechte, Arbeitnehmerrechte, ökologische Standards und Demokratie bleiben unberücksichtigt.
- Globalisierung (in seiner neoliberalen Ausprägung) führt zu einer deregulierten Öffnung der Märkte. Die Privatisierung öffentlicher Dienstleistungen führt zu einer Zunahme der weltweiten sozialen Ungleichheiten.
- Globalisierung führt zu Lohnsenkungen in den reicheren Ländern.
- Globalisierung führt weltweit zu einem massiven Anstieg der Arbeitslosigkeit.

Fluch und Segen der Globalisierung

Als Exportweltmeister profitiert Deutschland wie kaum ein anderes Land von der Globalisierung. China oder Indien sind in diesem Zusammenhang eben nicht nur Konkurrenten, sondern daneben vor allem riesige Absatzmärkte. Fraglich ist aber, inwieweit die deutschen Arbeitnehmer/-innen ebenfalls von dieser Tatsache profitieren. Einerseits sind die Arbeitsplätze in der Exportwirtschaft noch relativ sicher. Zudem konnten die Gewerkschaften in den letzten Jahren hier überdurchschnittlich hohe Lohnabschlüsse durchsetzen.

Andererseits haben die Unternehmen in den letzten Jahren das Drohmittel der Verlagerung massiv, gezielt – und leider meist auch sehr erfolgreich – eingesetzt, um in den Industrieländern Löhne zu drücken und die Arbeitsbedingungen zu verschlechtern. Vergleichende Analysen zeigen, dass auch die Arbeitnehmer/-innen in diesen Ländern zu den Verlierern der Globalisierung zählen, denn überall ist in der Vergangenheit die Lohnquote gesunken (DGB, G8-Gipfel-Info).

„Globalisierung internationalisiert die Ebene des Marktes, während die Regulierung der Märkte nationalstaatlich bleibt. Damit geraten diese Regulierungen unter Globalisierungsdruck. Auf der Strecke bleiben all die gesellschaftlichen Ziele, die nur durch staatliche Regulierung erreichbar sind" (Giegold).

Durch die Globalisierung haben sich die sozialen Gegensätze verschärft, die weltweite Armut hat weiter zugenommen. Rund 1,4 Milliarden Erwerbstätige müssen mit einem Einkommen von weniger als zwei Dollar pro Tag auskommen. 550 Millionen von ihnen verdienen weniger als einen Dollar täglich.

In China, dem Land, das 2008 voraussichtlich den „Titel" des Exportweltmeisters erringen wird, wächst die soziale Sprengkraft: *„Eine rasant wachsende Ungleichheit zwischen Arm und Reich belastet Asiens Wachstumsaussichten. Zudem birgt das immer steilere Einkommensgefälle die Gefahr sozialer Spannungen in der wirtschaftlich dynamischsten Region der Welt."* ... Es *„steige die Gefahr politischer Unruhen, von Massendemonstration bis hin zu Bürgerkriegen"* (HB vom 13.08.2007).

„Aber auch die Arbeitnehmer/-innen in den Industrieländern gehören zu den Verlierern der Globalisierung. In den letzen zwanzig Jahren ist der Anteil der Löhne am Volkseinkommen fast überall kontinuierlich gesunken" (DGB, G8-Gipfel-Info).

Höher – schneller – billiger
Durch die Globalisierung findet ein ständiges Profit-Benchmarking statt. Dazu ein aktuelles Beispiel: Das Handelsblatt hat im Juli 2007 die Liste der 50 umsatzstärksten Unternehmen der Welt veröffentlicht. Danach profitieren die deutschen Konzerne am stärksten vom weltweiten Aufschwung und rücken unter den Top-Konzernen nach vorn.

- Acht deutsche Konzerne bringen es unter die ersten 50 der Welt – damit stellt Deutschland mehr als jedes andere europäische Land.
- Während alle 50 Top-Unternehmen ihren Umsatz im letzten Jahr um durchschnittlich 11 Prozent steigern konnten, kamen die acht deutschen Konzerne sogar auf ein Plus von 15 Prozent.
- Noch größer ist die Differenz beim Nettogewinn: Hier legten die einheimischen Firmen mit durchschnittlich 26 Prozent doppelt so stark zu wie die Gesamtheit.

Die Spitze (Top 10) der weltweit größten Firmen wird von den Mineralöl- und Gas-Konzernen dominiert. Sechs der zehn größten Unternehmen kommen aus dieser Branche. Noch dominanter ist deren Position beim weltweiten Ranking nach dem Gewinn: Hier kommen acht der zehn größten Unternehmen aus der Branche Mineralöl und Gas. Krösus ist Exxon mit 28,7 Milliarden Euro Nettogewinn, gefolgt von Shell (20,2) und BP (17,4).

Die deutschen Konzerne haben in den letzten Jahren reihenweise Rekordgewinne eingefahren – offenbar sind aber heute selbst exorbitante Gewinne nicht mehr ausreichend. Im weltweiten Vergleich findet sich immer ein Unternehmen, das noch profitabler wirtschaftet. Das Handelsblatt zeigt, wie dieser Irrsinn "funktioniert": Toyota gegen VW – die Japaner produzieren mit einer kleineren Belegschaft mehr Autos und sacken (noch) mehr Gewinn ein; General Electric gegen Siemens – die Amerikaner setzen mit weniger Personal mehr um als Siemens und verdienen fünfmal so viel ... Das zeige, so die Zeitung, *"wie groß das Restrukturierungspotenzial bei vielen deutschen Firmen noch ist"* (HB vom 30.07.2007).

Was „Restrukturierungspotenzial" in der Praxis bedeutet, haben viele Belegschaften bereits bitter erfahren müssen. Lohndrückerei, Outsourcing und Personalabbau, so funktioniert das im Shareholder-Kapitalismus. Profitmaximierung um jeden Preis, damit anonyme Finanzinvestoren zufriedengestellt werden können.

In der deutschen Bevölkerung wird das Thema immer kritischer gesehen. Nach einer Allensbach-Umfrage erwarten die meisten Menschen durch die zunehmende internationale Verflechtung mehr Risiken als Chancen. 61 Prozent der Bevölkerung meinen, dass durch die Globalisierung Arbeitsplätze verloren gehen. 1998 waren es noch 48 Prozent.

Ist sogar Rumänien schon zu teuer?
Das Kapital sucht sich die jeweils „günstigsten" Standorte aus. Was das bedeutet, kann an einem einfachen Beispiel aus der Praxis gezeigt werden: *"Preiswerte und leistungsbereite Arbeitskräfte locken Unternehmer an"*, so überschrieb das Handelsblatt einen Artikel über die Standort„qualitäten" von Rumänien. O-Ton: *"Es sind vor allem die vergleichsweise niedrigen Löhne, die Leistungsbereitschaft der Arbeitskräfte und die guten steuerlichen Bedingungen, die das ausländische Kapital nach Rumänien locken."*

Doch einen Absatz weiter wird schon von den „teuren" Standorten Bukarest und Sibiu gewarnt: *"Wenn etwa in der Autoindustrie eine Schmerzschwelle von 300 bis 350 Euro Nettolöhne überschritten wird, dann gehen die Firmen woanders hin."* So der Geschäftsführer der Deutsch-rumänischen Industrie- und Handelskammer, Rütze (HB vom 18.06.2007).

Internationale Arbeiterkonkurrenz

Wenn wir es schaffen endlich billiger zu arbeiten
als die Taiwanesen
die billiger arbeiten
als die Nordkoreaner
die billiger arbeiten
als die Griechen
die billiger arbeiten
als die Spanier
die billiger arbeiten
als die Polen
die billiger arbeiten
als die Japaner
die billiger arbeiten
als wir
dann brauchen wir nur noch billiger zu arbeiten
als die zwangsarbeitenden Kinder
auf den Philippinen
um endlich Platz eins auf der
Weltrangliste einzunehmen

Knut Becker

Der deutsche Kapitalismus: Struktur und Funktionsweise

In Deutschland gibt es insgesamt knapp 3,2 Millionen Unternehmen, den Löwenanteil stellen die Kleinunternehmen und mittelständischen Firmen. In 2,9 Millionen der Unternehmen sind weniger als zehn sozialversicherungspflichtig Beschäftigte tätig. Gerade einmal 10.000 Unternehmen beschäftigen mehr als 250 Arbeitnehmer/-innen. Nach der Rechtsform unterteilen sich die Unternehmen in Personengesellschaften und Kapitalgesellschaften.

Personengesellschaften
- Offene Handelsgesellschaft (oHG)
- Kommanditgesellschaft (KG)
- Gesellschaft des bürgerlichen Rechts

Kapitalgesellschaften
- Aktiengesellschaft (AG)
- Kommanditgesellschaft auf Aktien (KGaA)
- Gesellschaft mit beschränkter Haftung (GmbH)

Die Unternehmenslandschaft ist zwar mittelständisch geprägt, die „Musik" wird aber von den Großen, insbesondere von den Kapitalgesellschaften, gemacht. Diese stellen zwar nur 17 Prozent aller Firmen in Deutschland, generieren aber weit über die Hälfte des gesamten Umsatzes. Die mehr als 2 Millionen Einzelunternehmen erwirtschaften dagegen gerade einmal 12 Prozent.

Unternehmen nach Rechtsformen und Beschäftigtengrößenklassen

Rechtsform	Insgesamt	Davon mit ... sozialversicherungspflichtigen Beschäftigten (in Prozent)		
		0–9	10–249	250 und mehr
Einzelunternehmer	2.039.100	97,3	2,6	0,1
Personengesellschaften (z.B. OHG, KG)	373.440	85,7	13,7	0,6
Kapitalgesellschaften (z.B. AG, GmbH)	519.382	72,7	26,2	1,1
Sonstige Rechtsformen	240.849	82,4	16,7	0,9
Insgesamt	3.172.771	90,7	8,8	0,3

Quelle: Statistisches Bundesamt 2006/Eigene Berechnungen

Alle diese Unternehmen kämpfen auf den jeweiligen Märkten um Profit und Marktanteile. Formal sind dabei die Chancen für alle gleich – doch in der Realität sieht das anders aus! Von gleichen Wettbewerbschancen kann nicht die Rede sein.

Konzerne geben den Ton an!
Nicht die von Markttheoretikern konstruierte Welt einer nach Angebot und Nachfrage funktionierenden Preisbildung bestimmt den Wettbewerb. In der kapitalistischen Wirklichkeit herrscht nicht die Marktidylle der vollkommenen Konkurrenz oder die „unsichtbare Hand" Adam Smiths, die letztlich immer ein Gleichgewicht herstellt. In der Realität der Märkte herrschen heute riesige Konzerne, die aufgrund ihrer Marktmacht weitgehend die Regeln der Preisbildung bestimmen. Hier geht es um Fragen von Marktbeherrschung, um verdeckte Kartellabsprachen oder ruinöse Konkurrenz.

Wettbewerb und Marktmacht

Die drei klassischen Marktformen im Kapitalismus sind Konkurrenz, Oligopol und Monopol. Als Oligopol wird eine Marktform bezeichnet, bei der es viele Nachfrager, aber nur wenige Anbieter gibt (Angebotsoligopol). Im umgekehrten Fall spricht man von einem Nachfrageoligopol. Unterschieden wird noch in enges und weites Oligopol.

Marktformen im Überblick

Anbieter / Nachfrager	Einer	Wenige	Viele
Einer	Bilaterales Monopol	Beschränktes Nachfragemonopol	Nachfragemonopol (Monopson)
Wenige	Beschränktes Angebotsmonopol	Bilaterales Oligopol	Nachfrageoligopol (Oligopson)
Viele	Angebotsmonopol	Angebotsoligopol	Polypol

Oligopolistische Konkurrenz

Beim Oligopol hängt der Umfang der Marktmacht u.a. vom jeweiligen Marktanteil der beteiligten Unternehmen ab. Diejenigen, die über relevante Marktmacht verfügen, können durch ihre Preis- und/oder Mengenentscheidungen das Geschehen am Markt wesentlich beeinflussen. Aufgrund der starken Abhängigkeit der Konkurrenten in einem Oligopol sind ganz unterschiedliche Reaktionen und Wettbewerbssituationen möglich. Die beiden wichtigsten sind abgestimmtes Verhalten und ruinöser Wettbewerb.

Abgestimmtes Verhalten

In einem engen Oligopol mit nur wenigen großen Anbietern lassen sich leicht Preis- und Mengenabsprachen organisieren. Diese Situation ist für die Anbieterseite sehr vorteilhaft, da auf diese Weise Konkurrenz weitgehend ausgeschaltet wird und so Extra-Profite erzielt werden können. Anders sieht es dann aus Sicht der Verbraucher/-innen aus, da diese die überhöhten Preise zahlen müssen und kaum auf Alternativen ausweichen können.

In einem engen Oligopol kommt es oftmals zu einer faktischen Kartellbildung. Direkte Preisabsprachen sind nach dem Wettbewerbsrecht zwar verboten, in der Realität im Einzelfall aber schwer nachzuweisen. Preisabsprachen können z.B. in einem „Frühstückskartell" getroffen werden. Darunter versteht man Absprachen, die z.B. beim gemeinsamen Frühstück vereinbart werden. Belastendes Material liegt dann nicht vor. Einen Verdacht zu solchen Absprachen gibt es regelmäßig auf dem Benzin-Markt und in der Zucker- und Zementindustrie. Als weiteres Beispiel gilt der deutsche Strommarkt. Die vier Großen, E.ON, RWE, EnBW und Vattenfall kontrollieren zusammen

90 Prozent des gesamten Erzeugungsmarktes. Ein mehr als deutlicher Hinweis auf die kartellähnliche Konstellation auf dem Energiemarkt sind die außerordentlich hohen Profite, die hier erzielt werden.

Ruinöser Wettbewerb
Das andere Extrem der oligopolistischen Konkurrenz ist ein ruinöser Preiswettbewerb. Wenn z.B. ein Unternehmen nur dann überleben kann, wenn es eine bestimmte Größe erreicht, wird es versuchen, Konkurrenten mit Dumpingpreisen aus dem Markt zu drängen. Das gleiche Mittel wird eingesetzt, um Konkurrenten in die Knie zu zwingen und auf diese Weise Marktanteile zu gewinnen. Wenn andere Marktteilnehmer aus dem Markt ausgeschieden sind, können dann die Preise wieder erhöht werden.

Beispiel:
Ein Beispiel für ruinöse Konkurrenz bietet der deutsche Einzelhandel. Auf den ersten Blick handelt es sich hier nicht einen oligopolistisch geprägten Markt, da insgesamt mehr als 283.000 Unternehmen tätig sind. Das Marktgeschehen wird aber im Wesentlichen von den zehn größten Konzernen bestimmt. Seit Jahren findet ein erbitterter Wettbewerb statt. Da die Nachfrage stagniert, betreiben die Handelsriesen untereinander einen ruinösen Verdrängungskampf („Preiskrieg"). Ihr Ziel ist es letztendlich, lästige Konkurrenz auszuschalten und marktbeherrschend zu werden – um dann höhere Verbraucherpreise durchsetzen zu können ...

Strukturdaten des Einzelhandels auf einen Blick
88,6 Prozent der Unternehmen im Einzelhandel haben weniger als 10 Beschäftigte. Diese 88,6 Prozent erwirtschaften aber nur knapp 20,5 Prozent des gesamten Umsatzes.

11,4 Prozent der Unternehmen im Einzelhandel haben mehr als 10 Beschäftigte. Diese 11,4 Prozent erzielen zusammen 79,5 Prozent des gesamten Umsatzes.

Quelle: Statistisches Bundesamt, Strukturdaten

Ein wesentlicher Vorteil der Großen im Wettbewerb sind die „economies of scale" (Kostenersparnisse durch Größe). Da auf der Verkaufsseite infolge des Preiskampfes immer weniger Spielraum bleibt, lassen sich Ertrag und Gewinn vorrangig nur über den Einkauf stabilisieren. Da im sogenannten Leistungswettbewerb Größe mit Leistung gleichgesetzt wird, werden auch die Rabatte, Boni, Skonti usw. immer größenabhängig gewährt. Aus Größe (Nachfragemacht) erwachsen somit eklatante Wettbewerbsvorteile. Dem haben die kleinen und mittleren Einzelhändler kaum etwas entgegenzusetzen. Der Mittelstand kommt deshalb immer mehr in Bedrängnis.

> Besonders aggressiv verläuft derzeit der Preiskampf im Baumarktsektor. *„In keiner anderen Branche ist die Selbstzerfleischung so ausgeprägt."* In einer Expertise kommt die Beratungsfirma Ernst & Young zu dem Schluss: *„Die Branche kann sich die Preiskämpfe eigentlich gar nicht leisten"* (HB vom 25.07.2007).

Es gibt eine gefährliche Mischung aus wachsender Konzentration, immer mehr an Verkaufsfläche, Zuwächsen der Billiganbieter und des Internethandels bei gleichzeitig stagnierendem Umsatz. Der ruinöse Verdrängungswettbewerb wird durch Werbekampagnen wie *„Geiz ist geil"* noch massiv angeheizt.

„Geiz ist geil" – und die Folgen

Der ruinöse Wettbewerb findet vor allem im Endkundengeschäft statt und bedroht viele der mittelständischen Fachhändler im Einzelhandel. Immer mehr kleinere Geschäfte verschwinden vom Markt. In ländlichen Gebieten leidet die Versorgung („einzelhandelsfreie Zonen"). Aber er wirkt sich auch auf die vorgelagerten Branchen, Industrie und Großhandel, aus. Die enorme Nachfragemacht einzelner Handelsriesen führt dazu, dass Lieferanten unter Druck gesetzt werden, ihre Preise massiv zu senken. Rabattschlachten sind an der Tagesordnung – Insolvenzen und Qualitätseinbußen sind die Folgen. Der aggressive Wettbewerb führt dazu, dass „billig" eingekauft und produziert wird.

Eine weitere Kehrseite der „saubilligen" Produkte sind oftmals miserable Arbeitsbedingungen und Hungerlöhne in der Produktion: Kinderarbeit in der Dritten Welt oder Formen brutaler Ausbeutung in der Obst- und Gemüseherstellung und -ernte in einigen südeuropäischen Ländern seien nur als Beispiele genannt. *„Produzenten aus Spanien beliefern Lebensmitteldiscounter mit billigen Erdbeeren und Gemüse. Ihre Treibhäuser sind für viele Flüchtlinge und illegale Arbeiter ein wahrer Alptraum"* (Arnold).

Der eigentliche Verlierer ist aber das Personal im Einzelhandel. Tiefpreise sind nicht das Ziel, sondern nur ein Mittel im Verdrängungskampf. Ziel ist es, einen möglichst hohen Profit zu erwirtschaften. Um dies zu erreichen, wird massiv an der Personalkostenschraube gedreht: Seit 2000 sind im Einzelhandel über 250.000 Vollzeitarbeitsplätze vernichtet worden. Rund ein Viertel der Arbeitnehmer/-innen sind geringfügig Beschäftigte. Niedrige Löhne und Gehälter, oftmals an der Armutsgrenze, ungünstige, oftmals frauenfeindliche Arbeitszeiten, zunehmender Leistungsdruck und immer weniger Zeit für Kundenberatung: So sieht die Realität aus Arbeitnehmersicht aus. Tiefstpreisen auf der einen Seite entsprechen Sozialdumping und damit existenzielle Sorgen beim Verkaufspersonal und bei den Kassiererinnen/Kassierern.

> *„Geiz ist zerstörerisch. Geiz gönnt sich nichts, gönnt anderen nichts, Geiz tut einem selber nicht gut, weil er einsam macht. Ausbeutung ist auch eine Form von Geiz, weil ich über die Maßen für mich haben will und dem anderen über die Maßen nichts gönne."*
> Nikolaus Schneider, Präses der Rheinischen Kirche, in: RP vom 13.01.2007.

Das Streben nach dem höchstmöglichen Profit führt zu einem zunehmend rücksichtsloseren Kampf der Firmen gegeneinander (Stichwort Preiskrieg).
Gleichzeitig richtet sich dieser Kampf aber vor allem nach innen, gegen die Beschäftigten und gegen die Gewerkschaften. Je mehr diese geschwächt werden können, desto „gefügiger" und (damit) „billiger" ist der Faktor Arbeit...

Spirale nach unten
Mit Kampagnen wie *„Geiz-ist-geil"* wird eine Abwärtsspirale nur noch beschleunigt:
- Niedrigere Verbraucherpreise werden über Einsparungen beim Personal „bezahlt".
- Der Bevölkerung fehlt es wegen der niedrigen Entlohnung an Kaufkraft.
- Das führt dazu, dass viele Menschen Billigprodukte kaufen (müssen).
- Der Marktanteil der Billiganbieter (Discounter) steigt weiter an – der Druck auf die anderen, beratungsorientierten Konkurrenten wird noch größer.
- Dies führt zu weiteren Kürzungen beim Personal. Der Kreislauf schließt sich. Eine Spirale nach unten!

Die Großen der deutschen Wirtschaft

Nicht die riesige Masse der kleinen Unternehmen bestimmt das Marktgeschehen in Deutschland, sondern eine kleine Gruppe von Unternehmensriesen. Eine zentrale Rolle spielen dabei die großen Kapitalgesellschaften, allen voran die dreißig Konzerne im Deutschen Aktienindex (DAX). Der Deutsche Aktienindex ist eine Kennziffer, welche die Wertentwicklung der 30 umsatzstärksten deutschen Aktiengesellschaften darstellt. Diese werden auch als Standardwerte oder blue-chips bezeichnet. Bei der Ermittlung des Index findet eine Gewichtung statt: Nicht der Kurs der Aktie eines Deutschen Aktienindex-Unternehmen fließt zu 1/30 in den Index ein, sondern es wird die jeweilige Marktkapitalisierung des Unternehmens berücksichtigt. Gemeint ist damit der jeweilige „Marktpreis" eines Unternehmens (Summe aller Aktien multipliziert mit dem Börsenkurs). Die größten Gewichte im DAX haben derzeit Siemens, E.ON, Allianz und Deutsche Bank. Neu im DAX ist seit Mitte Juni 2007 die Merck AG, die dort die Altana AG (Wechsel zu MDAX) ersetzt (vgl. die Tabelle im Anhang: DAX-30-Unternehmen).

Neben dem Deutschen Aktienindex gibt es eine Reihe weiterer Indizes (nach wirtschaftlicher Bedeutung, Branchen usw.). Zwei Beispiele:
- MDAX ist der Index, der die Wertentwicklung von 70 deutschen Unternehmen wiedergibt. Auch „zweite Börsenliga" genannt.
- TECDAX ist der Index, der die Wertentwicklung von Unternehmen am sogenannten Neuen Markt in Deutschland wiedergibt.

Neben den DAX-Konzernen gibt es eine ganze Reihe weiterer bedeutender Kapitalgesellschaften. Einige der bekanntesten sind Audi, Beiersdorf, Celesio, EnBW, Hochtief, Karstadt-Quelle, Klöckner, Merkle, MLP, Puma und Salzgitter.

Wenn man alle börsennotierten deutschen Unternehmen nach ihrer Umsatzgröße einstuft, ergibt sich diese Rangfolge:

Die 30 umsatzstärksten Unternehmen in Deutschland
– nur börsennotierte Unternehmen

Unternehmen	Umsatz in Mrd. Euro	Beschäftigte
DaimlerChrysler	151,6	360.385
Volkswagen	104,8	324.875
Siemens	87,3	472.500
E.ON	64,1	80.612
Deutsche Telekom	61,3	248.800
Deutsche Post	60,5	463.350
Metro	59,8	254.259
BASF	52,6	95.247
BMW	48,9	106.575
ThyssenKrupp	47,1	187.586
RWE	42,8	68.534
Audi	31,1	52.297
Bayer	28,9	106.000
Celesio	21,5	36.442
Tui	20,5	53.930
Lufthansa	19,8	94.510
Hochtief	15,5	46.847
Continental	14,8	85.224
EnBW	13,2	21.148
Karstadt-Quelle	13,1	76.917
MAN	13,0	53.715
Henkel	12,7	52.292
Linde	12,4	55.445
Vattenfall Europe	11,1	20.049
Fresenius	10,7	104.872
Adidas	10,0	26.376
SAP	9,4	39.355
Heidelberg-Cement	9,2	45.958
Salzgitter	8,3	22.156
Infineon	7,9	41.651

Quelle: HB vom 21.05.2007

In dieser Aufstellung (nach Umsatz) fehlen noch die großen Dienstleistungsunternehmen, insbesondere die Privatbanken und Versicherungen. Die Liste der größten Privatbanken wird von der Deutschen Bank angeführt (Bilanzsumme 1.128 Mrd. Euro/68.849 Beschäftigte). Es folgen die Commerzbank (608/35.975 Beschäftigte), die Dresdner

Bank (497/27.625 Beschäftigte), Hypo-Vereinsbank (358/25.738 Beschäftigte) und die Postbank (184/22.284 Beschäftigte).

Bei den Versicherungskonzernen liegt die Allianz-Gruppe mit über 101 Milliarden Euro Beitragseinnahmen und 166.505 Beschäftigten weit vor dem übrigen Feld. Es folgen die Münchener-Rück-Gruppe mit 37.210 Beschäftigten, AMB-Generali-Gruppe (17.606), Talanx (17.000) und die R+V-Versicherungsgruppe mit rund 10.000 Beschäftigten.

Fernab der Börse: die größten Familienkonzerne
Die Musik wird jedoch nicht allein von den Kapitalgesellschaften gemacht. Fernab der Börse gibt es eine Reihe riesiger Familienunternehmen, die auf den jeweiligen Märkten oftmals eine zentrale Rolle spielen.
Das Handelsblatt hat im Mai 2007 eine Liste der 50 größten Privatfirmen in Europa veröffentlicht. Wesentliche Ergebnisse dieser Untersuchung:
- Die 50 größten Privatfirmen Europas legten im Jahr 2006 durchschnittlich um 5,3 Prozent beim Wachstum zu.
- 29 der 50 größten (umsatzstärksten) Familienkonzerne Europas kommen aus Deutschland. Sie erzielen zusammen einen Umsatz von 465 Milliarden Euro und beschäftigen insgesamt über 2 Millionen Arbeitnehmer/-innen.
- Hinter vielen europäischen Familienunternehmen stecken Stiftungen oder Unternehmerfamilien.

Die größten deutschen Privatfirmen

Unternehmen	Branche	Umsatz Mrd. Euro	Beschäftigte
Schwarz-Gruppe (Lidl, Kaufland)	Handel	44,0	170.000
Robert Bosch	Autozulieferer	43,6	261.291
Rewe-Gruppe	Handel, Touristik	43,4	268.907
Edeka-Gruppe	Handel	42,0	250.000
Aldi	Handel	38,0	200.000
Merckle-Gruppe	Mischkonzern	30,1	72.000
Haniel	Mischkonzern	27,7	55.889
Tengelmann	Handel	25,7	150.880
Bertelsmann	Medien	19,2	97.132
Otto-Gruppe	Handel	15,2	55.000
RAG-Beteiligung	Energie, Technologie	14,7	43.175
Heraues Holding	Edelmetall, Technologie	12,0	11.275
ZF Friedrichshafen	Automobilzulieferer	11,6	55.358
Marquard & Bahls	Mineralölhandel	10,8	3.707
Boehringer Ingelheim	Pharma	10,5	38.428
Lekkerland	Handel	10,5	7.364
Tchibo	Nahrungs- und Genussmittel	9,0	29.975
Bosch-Siemens Hausgeräte BSH	Haushaltsgeräte	8,3	38.000
Schaeffler-Gruppe	Autozulieferer	8,3	63.000
Adolf Würth	Befestigungstechnik	7,7	54.906
Oetker	Nahrungsmittel, Getränke, Schifffahrt	7,1	22.400
Schlecker	Drogeriemärkte	6,9	52.500
Rethmann Gruppe	Abfallwirtschaft/ Logistik	6,7	34.000
Brenntag	Chemie-Logistik	6,1	10.000
Helm	Chemie und Pharmahandel	5,8	1.214

Quelle: HB vom 21.05.2007

Mit diesen Angaben ergibt sich die Liste der größten privatwirtschaftlichen Arbeitgeber in Deutschland wie folgt:

Die 10 größten Unternehmen nach Beschäftigung

Unternehmen	Beschäftigte
Siemens	472.500
Deutsche Post	463.350
DaimlerChrysler	360.385
Volkswagen	324.875
Rewe-Gruppe	268.907
Robert Bosch	261.291
Metro	254.259
Edeka-Gruppe	250.000
Deutsche Telekom	248.800
Aldi	200.000

Quelle: Geschäftsberichte 2006/Eigene Berechnungen/Beschäftigte weltweit – die komplette Liste der 30 größten „Arbeitgeber" findet sich im Anhang

Die hier ausgewiesenen Daten beziehen sich jeweils auf die Konzern-Weltumsätze, Entsprechendes gilt für die Beschäftigtenzahlen. Da die DAX-Unternehmen nur noch rund 35 Prozent ihrer Umsätze in Deutschland erwirtschaften, sind von den insgesamt rund 5 Millionen Beschäftigten ca. 1,75 Millionen in Deutschland beschäftigt.

> Zum Begriffswirrwarr „Arbeitgeber" und „Arbeitnehmer" hat Oswald von Nell-Breuning schon einmal vor geraumer Zeit kritisch festgestellt: *„Arbeitgeber ‚geben' keine Arbeit, sondern Arbeitsgelegenheit. Arbeitnehmer ‚nehmen' nicht Arbeit anderer für sich in Anspruch, lassen nicht andere für sich arbeiten."*

Kapitaleinkommen – die Konzerne verdienen prächtig

Aus Sicht der Shareholder waren die letzten Jahre ausgesprochen erfolgreiche Jahre. *„DAX-Konzerne glänzen mit Rekordgewinnen", „Konzerne vor Rekordjahr"* – solche und ähnliche Schlagzeilen bekommen wir regelmäßig zu lesen. Spitzenreiter beim absoluten Gewinn waren im letzten Jahr folgende Unternehmen:

Die Top 10: Gewinne der DAX-Konzerne

Unternehmen	Ergebnis in Mio. Euro
Allianz	7.021
Deutsche Bank	5.986
E.ON	5.057
RWE	3.847
DaimlerChrysler	3.227
BASF	3.215
Deutsche Telekom	3.203
Siemens	3.033
BMW	2.868
Volkswagen	2.749

Quelle: Geschäftsberichte der Unternehmen

Diese Entwicklung setzt sich auch 2007 weiter fort. Nach Prognosen des führenden Finanzdatenspezialisten Factset/JCF werden die DAX-Unternehmen in diesem Jahr ihre Profite noch einmal um 12 Prozent steigern. Damit stehen die Deutschen unter den großen Industrieländern auf Platz eins. Im Frühjahr war ein Gewinnplus von „nur" sieben Prozent vorausgesagt worden (HB vom 20.07.2007).

Auch außerhalb des DAX ist die Gewinnsituation hervorragend. Das Statistische Bundesamt erfasst laufend die Entwicklung der Gewinne aller Kapitalgesellschaften. Danach wurden im Jahr 2000 Bruttounternehmensgewinne von 305 Milliarden Euro erwirtschaftet, 2006 waren es schon 473 Milliarden. Das entspricht einer Steigerung von über 55 Prozent (Statistisches Bundesamt, VGR).

Entwicklung der Aktienkurse (DAX-30)

Die hervorragende Gewinnentwicklung findet auch ihren Niederschlag in der Entwicklung der Aktienkurse. Die Kurse der DAX-Unternehmen sind in den letzten Jahren überdurchschnittlich stark gestiegen, es gab Kursgewinne auf breiter Front: So stieg der DAX 2006 von 5.408 auf 6.596 Punkte. Das entspricht einer durchschnittlichen Erhöhung um 22 Prozent. Die Aktionäre dieser Unternehmen sind damit allein 2006 im Durchschnitt um 22 Prozent reicher geworden.

Gewinnentstehung: Rendite gegen Arbeitsplätze

Unsere Kritik richtet sich in erster Linie nicht gegen die Höhe der Gewinne. Die zentralen Fragen sind vielmehr wie bzw. auf wessen Kosten diese Gewinne erzielt worden sind und wie die Gewinne verwendet bzw. verteilt werden. „Früher" konnte man davon ausgehen, dass sich Arbeitnehmereinkommen und Beschäftigung ein Stück weit parallel zur Gewinnentwicklung der Konzerne darstellten. Dies ist seit einigen Jahren aber nicht mehr der Fall. Die Beispiele Allianz und Deutsche Bank, wo trotz Rekordgewinnen massenhaft Stellen gestrichen wurden, markieren einen eindeutigen Systemwechsel. In der Logik des Shareholder-Kapitalismus zahlt sich Personalabbau aus: in Form höherer Gewinne, steigender Aktienkurse und Dividenden. Auch 2006 gab es einige gravierende Beispiele dafür, wie sich Gewinne und Arbeitsplätze diametral auseinanderentwickeln:

Gewinn und Beschäftigung deutscher Konzerne – ausgewählte Beispiele

Unternehmen	Gewinnentwicklung zu 2005 in Prozent	Personalentwicklung zu 2005 in Prozent
Allianz	+ 60,3	- 6,3
DaimlerChrysler	+ 13,4	- 5,8
Münchener Rück	+ 27,1	- 2,0
RWE	+ 15,9	- 20,2
VW	+ 145,5	- 5,8

Quelle: Geschäftsberichte 2006/Eigene Berechnungen

Die Zahl der Beschäftigten bei den DAX-30-Unternehmen ist 2006 insgesamt zwar leicht gestiegen (+ 1,9 Prozent). Dies ist aber im Wesentlichen eine Folge der zahlreichen Zukäufe von Unternehmen. So erwarb etwa die Deutsche Post mit der britischen Logistikfirma Exel 110.000 Beschäftigte. Weitere Beispiele sind Bayer/Schering sowie diverse Zukäufe bei BASF. Einige der exportorientierten Unternehmen haben aufgrund ihrer extrem guten Auftragsentwicklung Arbeitsplätze angebaut.

Da es sich bei den Beschäftigtenzahlen um die weltweiten Konzerndaten handelt, geben sie keine verlässlichen Hinweise auf die Entwicklung in Deutschland. Zuwächse erklären sich meist aus einem Beschäftigungsplus im Ausland. So stellt beispielsweise die Deutsche Bank in ihrem letzten Geschäftsbericht mit insgesamt 68.349 Beschäftigten ein Plus von 7,2 Prozent heraus (rund 5.000 Arbeitsplätze), davon sind aber in Deutschland gerade einmal 65 entstanden.

Unter dem Strich bleibt, dass der Aufschwung an den deutschen Belegschaften insgesamt vorbeigegangen ist. Per Saldo haben die DAX-30-Unternehmen in Deutschland – trotz exzellenter Gewinnentwicklung – sogar 44.000 Arbeitsplätze abgebaut (HB vom 5.3.2007).

Profit statt Arbeitsplätze!

„In Deutschland ist Aufschwung – aber viele Unternehmen bauen weiter Personal ab. Während Personalabbau früher ein Mittel in äußerster Not war, ist er heute in vielen Fällen Teil einer Strategie zur Gewinnoptimierung."
Rüdiger Jungbluth

Einige Beispiele:
- Deutsche Telekom: bis 2008 will sich der Konzern von 32.000 Beschäftigten trennen
- IBM: trotz Rekordergebnis – Abbau von 620 Programmierern
- AEG Nürnberg: 1.750 Arbeitnehmer kämpfen um den Erhalt ihrer Fabrik
- Allianz: trotz Rekordgewinnen trennt sich der Versicherungsriese bis 2009 von 5.700 Beschäftigten in Deutschland
- DaimlerChrysler: der Autokonzern will in Stuttgart-Untertürkheim 750 Mitarbeiter loswerden
- Altana: der Pharmariese streicht 930 deutsche Arbeitsplätze
- Unilever: Anfang August 2007 meldete der Lebensmittelriese, in den nächsten vier Jahren 20.000 Stellen abbauen zu wollen. Im gleichen Atemzug gab der Konzern bekannt, dass der Nettogewinn im zweiten Quartal 2007 um 16 Prozent gestiegen sei. Im vergangenen Jahr hatte Unilever einen Zuwachs seines Nettogewinns um 26 Prozent auf fünf Milliarden Euro verbucht (Kölner Stadtanzeiger vom 03.08.2007)
- Die Deutsche Bank empfiehlt Investoren, sich besonders solchen Unternehmen „zuzuwenden", die ihre Arbeitskosten drastisch senken. Zehn Prozent niedrigere Personalkosten bedeuteten 40 Prozent mehr Profit (Die Zeit vom 23.08.2007).

Gewinnverwendung: Höchste Ausschüttung aller Zeiten

Es gibt mehrere Möglichkeiten der Gewinnverwendung. Vorrangig sind dies Gewinnausschüttung (Dividende), Zuführung zu den Rücklagen und Zahlung einer Tantieme an Vorstand und Aufsichtsrat. Die Entscheidung darüber fällt in einer Aktiengesellschaft (auf Vorschlag des Vorstands) durch die Hauptversammlung. Die Höhe der Ausschüttung gibt immer auch Aufschluss darüber, inwieweit die Shareholder ihre kurzfristigen Interessen durchsetzen konnten. In den letzten Jahren wurden laufend mehr Dividenden ausgeschüttet. 2006 zahlten die deutschen Kapitalgesellschaften die Rekordsumme von 35,3 Milliarden Euro. Das war ein Plus von 5,7 Milliarden Euro bzw. 19 Prozent mehr. Rund vier Fünftel davon entfielen auf die DAX-Unternehmen.

Dividendenzahlungen der DAX-30-Unternehmen (2004–2007)

Jahr	Milliarden Euro
2004	10,2
2005	14,8
2006	21,2
2007	27,7

Quelle: HB vom 02.04.2007

Nie zuvor haben die 30 DAX-Unternehmen soviel ausgeschüttet wie im Jahr 2007. Einiges davon blieb auch für die breite Masse der Kleinaktionäre übrig – das Gros floss aber in die Schatullen einiger Reicher und Mächtiger in diesem Land:

- Die 50 Top-Verdiener unter den deutschen Großaktionären, darunter Familien wie Quandt (BMW) und Piëch (Porsche, VW), haben in 2006 fast dreimal so viel an Dividenden kassieren können wie im Jahr davor. Ein Ranking des Wirtschaftsmagazins Capital (vom 24.05.2007) zeigt, dass allein die 50 Dividenden-Fürsten zusammen 4,2 Milliarden Euro kassiert haben. Im Vorjahr erhielten sie „lediglich" 1,6 Milliarden Euro.
- Fast 60 Prozent dieser Summe landete bei Susanne Klatten (Quandt-Familie), die mit Dividenden-Einnahmen von 2,5 Milliarden Euro die absolute Spitzenreiterin war. Frau Klatten ist Großaktionärin bei Altana und BMW.

Sprache als Nebelkerze

Heute wird oft schon dann Personal abgebaut, wenn sich der Aktienkurs nicht ganz nach den Vorstellungen der Shareholder entwickelt. Um ihr Vorgehen zu rechtfertigen, greift das Management fast immer zu den gleichen „Argumenten". Um die Realität zu verschleiern und von der Radikalität des Vorgehens abzulenken, werden fast immer und überall die gleichen Phrasen gedroschen:

- „Wir müssen unsere Wettbewerbsfähigkeit verbessern ..."
- „Es geht um strategische Erwägungen ..."
- „Wir müssen nachhaltig wettbewerbsfähig bleiben ..."
- „Wir müssen effizienter arbeiten ..."
- „Schmerzliche Schritte, die ‚leider' notwendig sind ..."

Weitere Floskeln, die immer wieder eingesetzt werden:
- „Synergieeffekte"
- „Globalisierungsdruck"
- „Einsparungspotenziale"
- „Effizienzsteigerung"
- „Personalanpassung"
- „Fit machen für die Zukunft"
- „Standortoptimierung"
- „Neues Standort- und Beschäftigungskonzept" usw. usf.

In Wahrheit geht es nicht um „Personalanpassung" oder „Standortoptimierung", sondern um Arbeitsplatzvernichtung. Für viele der Betroffenen heißt die Perspektive nach spätestens einem Jahr Hartz IV. Und für die noch verbliebene Belegschaft heißt sie mehr Belastung und zusätzliche Leistungsverdichtung.

Zurückhaltung bei Investitionen

Die Innenfinanzierungssituation der Unternehmen hat sich laufend verbessert. Dies wird aber nicht in ausreichendem Maße für Investitionen genutzt. Seit 2002 waren die Finanzierungsmittel jeweils höher als die Investitionen. Während die Unternehmen bisher einen Teil ihrer Investitionen normalerweise über Kredite finanzierten, hatten sie nun mehr eigenes Geld zur Verfügung, als sie investierten. Auch wenn 2007 die Investitionstätigkeit wieder zugenommen hat, bleibt festzustellen, dass es ein deutliches Missverhältnis zwischen Gewinn- und Investitionsentwicklung gibt. Die Unternehmen wissen offenbar nicht, wie sie ihre riesigen Gewinne im eigenen Betrieb unterbringen können. Die Unternehmen schwimmen im Geld, aber investieren zu wenig! Die Gewinne von heute sind also nicht die Investitionen von morgen und schon gar nicht die Arbeitsplätze von übermorgen! Heute sind selbst exorbitant hohe Gewinne keine Garantie für sichere Arbeitsplätze.

> Früher: *„Geht es der Wirtschaft gut, geht es auch den Menschen gut!"*
>
> Heute: *„Je besser es der Wirtschaft geht, desto schlechter geht es mir!"*

Managergehälter eilen davon

Zu den Profiteuren zählt auch das Topmanagement. Seit Jahren eilen deren Tantiemen der allgemeinen Einkommensentwicklung mit Riesenschritten davon. In Zeiten von Hartz IV, Reallohneinbußen und Massenarbeitslosigkeit stechen die hohen Managereinkommen regelrecht ins Auge. Trotz öffentlicher Kritik gibt es aber keine Anzeichen von Bescheidenheit – im Gegenteil. Die Managervergütungen steigen von Geschäftsjahr zu Geschäftsjahr weiter an.

Im System des Shareholder-Kapitalismus hat die Vergütung der Vorstandsvorsitzenden eine besondere Bedeutung, da das Topmanagement schließlich der entscheidende „Treiber" in den jeweiligen Konzernen ist. Die Hans-Böckler-Stiftung hat die Bezüge dieser Topmanager einmal genauer analysiert und dabei herausgefunden:

- Deutsche Unternehmen rangieren bei den Vorstandsvergütungen hinter den US-Unternehmen auf dem zweiten Platz.
- Bei den kurzfristigen Anreizen haben deutsche Unternehmen sogar die Nase vorn. 34 Prozent der Gesamtvergütung werden als Boni für kurzfristige Erfolge ausgezahlt, in den USA sind es „nur" 20 Prozent. Dies macht deutlich, wie sehr deutsche Unternehmen mittlerweile auf kurzfristigen Erfolg setzen.

Gehälter der Vorstandsvorsitzenden 2006

Unternehmen	Vorstandsvorsitzender	Vergütung (in Euro)
Deutsche Bank	Josef Ackermann	13.591.243
SAP	Henning Kagermann	9.013.000
RWE	Harry Roels	8.200.000
Linde	Wolfgang Reitzle	8.198.573
Daimler	Dieter Zetsche	7.819.024
E.ON	Wulf H. Bernotat	6.394.808
Metro	Hans-Joachim Körber	6.388.000
Henkel	Ulrich Lehner	6.098.172
Allianz	Michael Diekmann	5.665.000
Lufthansa	Wolfgang Mayhuber	5.072.180
BASF	Jürgen Hambrecht	4.972.000
Altana	Nikolaus Schweickart	4.563.000
Münchener Rück	Nikolaus von Bomhard	4.474.330
Deutsche Börse	Reto Francioni	4.429.500
Fresenius	Ben Lipps	4.393.229
Deutsche Post	Klaus Zumwinkel	4.237.659
Continental	Manfred Wennemer	4.147.000
Thyssen-Krupp	Ekkehard D. Schulz	3.986.000
Commerzbank	Klaus-Peter Müller	3.750.550
Adidas-Salomon	Herbert Hainer	3.681.000
MAN	Hakan Samuelsson	3.629.000
Siemens	Klaus Kleinfeld	3.623.520
Hypo Real Estate	Georg Funke	3.436.000
Deutsche Postbank	Wulf v. Schimmelmann	3.410.573
Bayer	Werner Wenning	3.313.693
Volkswagen	Bernd Pischetsrieder	3.235.989
Deutsche Telekom	Kai-Uwe Ricke	3.086.000
BMW	Norbert Reithofer	2.821.070
TUI	Michael Frenzel	2.675.500
Infineon	Wolfgang Ziebart	2.245.963

Quellen: HB vom 29.03.2007; RP vom 31.03.2007

Anmerkungen:
Der „heimliche" Spitzenreiter bei den Vorstandsvorsitzenden ist der Porsche-Vorstandsvorsitzende Wiedeking. Sein Jahressalär wird auf 15 Millionen Euro geschätzt. Genaue Informationen dazu werden der Öffentlichkeit allerdings seit Jahren vorent-

halten. Gegen eine Offenlegung seiner Bezüge ist der Porsche-Chef strikt, *„das sei für ihn purer Sozialismus, diktiert vom Neid"* (zitiert nach: Die Welt vom 29.04.2005).

Dicht hinter Ackermann landet der Puma-Chef, Jochen Zeitz, mit stolzen 12,3 Millionen Jahressalär (Managermagazin vom 22.06.2007). Bemerkenswert sind die Steigerungsraten, die die beiden Spitzenverdiener in den letzten Jahren erzielten: Gegenüber 2002 stiegen die Einkünfte von Ackermann von 6,9 auf 13,6 Millionen Euro, also um 97 Prozent. Die Einkünfte von Wiedeking stiegen von 4,0 auf 15,0 Millionen Euro, das entspricht einer Erhöhung um 375 Prozent. Kein Wunder, dass sich der Herr lieber bedeckt halten möchte.

> **Ackermann & Co. – in drei Jahren Einkommen verdoppelt!**
> Die Konzerne in Deutschland sind ausgesprochen großzügig bei Gehaltserhöhungen, allerdings nur beim Topmanagement. Genauso wie sie gegenüber der eigenen Belegschaft knauserig sind, geben sie sich bei den Vorständen spendabel. Nach oben sind offenbar keine Grenzen gesetzt. Nach Auskunft der Schutzgemeinschaft der Kapitalanleger (SdK) haben sich die Vorstandsbezüge 2006 wie folgt entwickelt:
> - Die Vorstände der 30 DAX-Unternehmen kassierten 2006 insgesamt über eine halbe Milliarde (525 Millionen Euro).
> - Ein „einfaches" Vorstandsmitglied strich im vergangenen Jahr 2,5 Millionen Euro ein, ein Plus von über 16 Prozent.
> - Die Vorstandsvorsitzenden im DAX erhielten im Durchschnitt 4,6 Millionen Euro. Das entspricht einer Steigerung um 19 Prozent.
> - Das Einkommen der Topmanager stieg damit zwischen 2003 und 2006 um mehr als die Hälfte (RP vom 27.07.2007).

Pensionsansprüche der Vorstandsvorsitzenden

Norbert Blüm hatte doch recht! Die Renten sind sicher. Leider aber nur für die sehr kleine Schicht der Topmanager. Die Hans-Böckler-Stiftung hat ausgerechnet, auf welch astronomisch hohe Summen es die Vorstandsvorsitzenden im Alter bringen. Danach erhält der E.ON-Chef Bernotat zukünftig Monat für Monat 72.300 Euro überwiesen.

Man sollte meinen, die hohen Vorstandsgehälter wären genug, um sich davon etwas fürs Alter zurückzulegen. Aber darum müssen sich die Herrschaften gar nicht selber kümmern. Für die Manager-Elite gibt's das Rundum-Sorglos-Paket. Geld ist ja genug da!

Pensionsansprüche der Vorstandsvorsitzenden – Auszug

Name	Erreichte Pensionsleistung pro Jahr in Euro	Monatlicher Rentenanspruch in Euro
Wulf H. Bernotat, E.ON	868.000	72.300
Michael Frenzel, Tui	720.000	60.000
Ekkehard Schulz, Thyssen-Krupp	569.000	47.400
Ulrich Lehner, Henkel	531.000	44.250
Klaus-Peter Müller, Commerzbank	456.000	38.000
Harry Roels, RWE	400.000	33.400
Wolfgang Reitzle, Linde	392.000	32.700
Nikolaus von Bomhard, Münchener Rück	380.000	31.700
Henning Kagermann, SAP	290.000	24.200
Nikolaus Schweickart, Altana	240.000	20.000

Quelle: HBS (Studie von Dr. M. Müller)

Diese Zahlen können nur einen Ausschnitt aus der Wirklichkeit zeigen, denn nur zehn der 30 DAX-Unternehmen weisen die individuellen Ansprüche der Vorstandsvorsitzenden in ihren Geschäftsberichten aus.

Manch ein Rentner wird sich verwundert die Augen reiben, angesichts der unverschämt hohen Pensionsansprüche unserer Wirtschaftselite. Irrsinnig hohe Vorstandsgehälter, horrende Ruhestands-Zahlungen auf der einen Seite – und wenn jemand seinen Vorstandsposten verlassen muss (meist wegen schlechter Leistungen), gibt es doch noch einen goldenen Handschlag.

Mit zweierlei Maß

Obwohl die deutschen Manager mit ihren Vergütungen schon weltweit auf dem zweiten Platz liegen, fühlen sie sich aber keineswegs überbezahlt, im Gegenteil. Man nimmt die weltweite Crème de la Crème als Maßstab und rechtfertigt die hohen Bezüge mit dem Hinweis, dass die amerikanischen „Kollegen" noch deutlich mehr bekommen. Dieses „Benchmarking" zeigt, wie die deutschen Manager mit zweierlei Maß messen. Gegenüber Arbeitnehmern und Gewerkschaften argumentieren sie nämlich genau umgekehrt: Da werden den deutschen Arbeitnehmern die Gehälter aus Niedriglohnländern als Maßstab empfohlen.

Auch die Offenlegung der Vorstandsgehälter hat wenig an dieser Entwicklung verändert. Nach einer kurzen Phase öffentlicher Kritik ist weitgehend Ruhe eingekehrt. Bei den Managern ist festzustellen, dass sich diejenigen, die „weniger" bekommen als das

Führungstrio, mit diesem misst und dass die Topverdiener sich wiederum an den Mega-Bezügen US-amerikanischer Manager orientieren.

> **Zweimal Porsche**
>
> *„Die Globalisierung hat eins gebracht: dass die Arbeitgeber sich nach den Gehältern der Amerikaner richten und die Arbeitnehmer nach denen der Chinesen."*
> U. Hück, GBR-Vorsitzender Porsche
>
> *„Was gibt es Schöneres, als Geld zu verdienen und dafür zu sorgen, dass das Management ordentlich bezahlt wird?"*
> W. Wiedeking, Porsche-Chef, in: RP vom 08.03.2007

Die Gier der Manager

Die enormen Vorstandsvergütungen haben die Einstellung des Topmanagements verändert, bei den deutschen Managern hat ein wesentlicher Wandel im Denken und Handeln stattgefunden. Eine Studie des Ecco-Netzwerks kommt zu dem Ergebnis, dass gesellschaftsbezogene Werte in deutschen Unternehmen nur noch eine Nebenrolle spielen.

Kritiker sprechen bereits von einer neuen Radikalität des Managements. *„Sie sind stromlinienförmiger geworden, renditefixierter – und sie rechtfertigen ihre eindimensionale Sicht der Dinge mit den Sachzwängen der Globalisierung und dem Druck ihrer Kapitalgeber"* (Kommentar in der NRZ vom 24.10.2006).

Die Manager kommen bei der Bevölkerung schlecht weg – so die Quintessenz einer Dokumentation des ZDF (*„Die Macht der Manager"*, gesendet am 07.08.2007). In einer repräsentativen Befragung für diese Fernsehsendung gaben 78 Prozent der Befragten an, die Manager würden ihren moralischen Anforderungen nicht gerecht. Rund die Hälfte der Befragten hält ihre Entlohnung für *„viel zu hoch"*.

Zwischen Gier und Moral

„Losgelöst von Moral und Anstand werden Bestände runtergefahren, Menschen entlassen und Prozesse gnadenlos optimiert."
Die Zeit vom 23.08.2007

„Moralische Werte spielen im Bewusstsein deutscher Manager eher eine untergeordnete Rolle. Sie sind ihnen nicht so wichtig."
WZ vom 26.09.2006

„Die Vorstände sitzen gegenseitig in ihren Kontroll-Gremien und genehmigen einander ein sattes Salär."
RP vom 27.03.2007

„Explodierende Manager-Gagen sind (...) ein Beispiel dafür, wie Auswüchse der Gier unsere Demokratie beschädigen: weil sie die Gesellschaft sozial spalten, weil sie Gemeinsinn und Arbeitsmoral zerstören, weil sie Wertvorstellungen wie Gerechtigkeit, Loyalität und Fairness aushöhlen."
WZ vom 27.03.2007

„Geldgierige Vorstände sägen an dem Ast, auf dem sie selber sitzen."
Weser-Kurier vom 23.09.2006

„Auch dem Shareholder-Value liegt eine ‚Ethik' zugrunde. Es ist die Ethik der Habgier. Eine Habgier, die sich auf Kosten anderer bereichert, muss wieder als das benannt werden, was sie ist – nämlich ein Laster."
Segbers, S. 75

Die Interessen der Geldgeber und Anteilseigner zu bedienen „wird zur obersten Managerpflicht. Hohe Gehälter und Optionen sichern hierfür die Loyalität der Manager."
Kronauer, S. 367

Die Vorstände: Täter oder Opfer?

Bisweilen wird behauptet, die Manager seien lediglich „Opfer", Getriebene der mächtigen Finanzinvestoren. Kritik an der Höhe ihrer Vergütungen und an ihrem Verhalten sei unberechtigt, denn letztendlich seien die Manager eben doch nur extrem gut dotierte Angestellte.

Eine solche Betrachtung verharmlost, lenkt ab und unterschätzt die Handlungsspielräume, die das Topmanagement tatsächlich hat. In Wahrheit gibt es zu radikalen Schnitten fast immer sozialverträgliche Alternativen. Insider berichten, dass sich in deutschen Konzernen *"eine Kultur mangelnder Zivilcourage"* breitmache. Insofern seien die Topmanager sehr wohl *"Täter"*. Geld beruhige das *"schlechte Gewissen"*. Und dieses Geld fließt umso mehr, je höher der Shareholder-Value ist.

Chefsessel: Vergoldete Schleudersitze
Richtig ist aber auch, dass sich in den letzten Jahren manch ein Chefsessel durchaus als Schleudersitz entpuppt hat. Prominente Beispiele dafür waren Kai-Uwe Ricke (Telekom), Bernd Pischetsrieder (VW) oder Klaus Kleinfeld (Siemens). Im deutschsprachigen Raum waren Vorstandsvorsitzende zuletzt durchschnittlich 5,7 Jahre im Amt. Nach Recherchen des TV-Senders Phoenix war die durchschnittliche Verweildauer in den Vorstandsetagen der DAX-Unternehmen zuletzt sogar nur noch 3,5 Jahre (RP vom 25.06.2007).

Der Druck der großen Kapitalgeber ist größer geworden. Wenn die Zahlen nicht stimmen, werden die Manager heute schneller wieder ihren Posten los als früher. Die Managementberatungsfirma Booz und Hamilton stellt in einer Untersuchung dazu fest, dass sich *"die Beziehung zwischen Unternehmenschefs, Aufsichtsräten und Investoren (...) grundsätzlich verändert habe"* und konfliktreicher geworden sei. Ein wesentlicher Grund dafür sind die neuen Investorentypen, z.B. die Hedge-Fonds. *"Sie üben nicht nur Druck aufs Topmanagement aus, sondern beanspruchen Aufsichtsratsmandate und wollen in strategische Entscheidungen eingebunden werden – und diese mitunter mitbestimmen"* (HB vom 23.05.07).

Allerdings muss sich niemand ernsthaft Sorgen um die Zukunft der Ex-Vorstände machen, denn zum Hartz IV-Empfänger ist noch niemand abgestiegen. Die Chefsessel sind außerordentlich gut gepolstert – wer fliegt, bekommt saftige Abfindungen, landet sanft und kommt auch schnell wieder unter.

„Goldene Handschläge" (einige Beispiele)
- Klaus Rauscher, Vattenfall, 3,5 Millionen Euro
- Klaus Esser, Mannesmann, 60 Millionen Euro
- Kai-Uwe Ricke, Deutsche Telekom, 2,5 Millionen Euro
- Ron Sommer, Deutsche Telekom, 11,6 Millionen Euro
- Wolfgang Bernhard, VW, 6 Millionen Euro
- Utz Claassen, EnBW, 7 Millionen Euro

Quellen: RP vom 21.07.2007/HB vom 15.08.2007

Viele dieser Ex-Vorstände finden sich neuerdings bei den „Heuschrecken" wieder und nehmen dort eine hochdotierte Alterstätigkeit auf.

Private-Equity-Gesellschaften in Deutschland – Beteiligung ehemaliger Topmanager

Gesellschaft	
Blackstone	Ron Sommer (ehemals Vorstandsvorsitzender der Telekom) – Senior Advisor
Kohlberg Kravis Roberts (KKR)	Heinz-Joachim Neubürger (langjähriger Siemens-Finanzvorstand) – Managing Director, Senior Advisor
Cerberus	Wolfgang Bernhard (ehemals Vorstand bei DaimlerChrysler und VW) – Senior Advisor; Reiner Hagemann (ehemals Allianz-Vorstand) – Senior Advisor
Apax Partners	Mirko Meyer-Schönherr (ehemals McKinsey-Partner und Quelle-Vorstand) – Partner
Permira	Arnold Bahlmann (ehemals Bertelsmann-Vorstand) – Berater
General Atlantic	Klaus Esser (ehemals Mannesmann-Vorstand) – Managing Director
Odewald & Cie.	Jens Odewald (ehemals Kaufhof-Vorstand) – Gesellschafter, Geschäftsführer; Ernst-Moritz Lipp (ehemals Dresdner Bank-Vorstand) – Partner, Geschäftsführer; Klaus Eierhoff (ehemals Vorstand bei Karstadt und Bertelsmann) – Geschäftsführer
EQT	Kai-Uwe Ricke (ehemals Vorstandsvorsitzender Telekom) – Senior Advisor, Mitglied des AR bei Kabel BW; Peter Grafoner (ehemals Linde-Vorstand) – Senior Advisor

Quelle: FTD vom 25.06.2007. (Senior Partner = Senior-Berater, nicht genauer definierte Position in einer Unternehmenshierarchie)

Vermögend und mächtig: Die reichsten Deutschen

In Deutschland hat das große Geld kein Gesicht. Es gilt als „unfein", Namen zu nennen und Eigentumsverhältnisse offenzulegen. Reichtum genießt bei uns immer noch weitgehend Intimschutz. Wer kennt schon die Aldi-Brüder, Dieter Schwarz, den Haniel-Clan oder die Quandt-Familie? Wer weiß, was die Beisheims, die Schmidt-Ruthenbecks oder Erivan Haub so treiben und mit ihrem Vermögen anstellen? Deutschland ist eine anonyme Klassengesellschaft – über die Mächtigen und Reichen erfährt man allenfalls etwas, wenn sich diese als Gönner und Mäzene feiern lassen. Über die Reichen und

Superreichen ist nur wenig bekannt. Wer „Ross und Reiter" nennt oder gar die Stirn hat, die riesigen Vermögen anzuprangern, der wird als Neider diffamiert.

> Wer etwas über die Reichen und Superreichen erfahren möchte, muss lange suchen. Einige Hintergrundinformationen bieten u.a. folgende Veröffentlichungen:
> - D. Beck, H. Meine, Wasserprediger und Weintrinker
> - Manager-Magazin Spezial, Die 300 reichsten Deutschen, Ausgabe: Oktober 2006
> - R. Liedtke, Wem gehört die Republik
> - www.forbes.com

Der World Wealth Report hat aufgeschlüsselt, woher das unermessliche Vermögen der reichsten Menschen der Welt stammt. Als Hauptquellen nennt der Bericht eigenes Unternehmen (50 Prozent), Erbe (19 Prozent) sowie Kapitalerträge und Aktienoptionen (15 Prozent). Mit anderen Worten: Der größte Teil des Reichtums kommt also durch die Arbeit von abhängig Beschäftigten zustande.

Die 10 reichsten Deutschen

Nr.	Name	Vermögen in Mrd. $	Unternehmen/ Beteiligungen
1.	Karl Albrecht	20,0	Aldi-Süd
2.	Theo Albrecht	17,5	Aldi-Nord
3.	Michael Otto und Familie	13,3	Otto-Gruppe
4.	Adolf Merckle	12,8	Ratiopharm
5.	Susanne Klatten	9,6	BMW, Altana
6.	Reinhold Würth	9,0	Würth-Gruppe
7.	Fam. Schaeffler	8,7	Schaeffler-Gruppe
8.	August von Flick jr.	8,4	Investition
9.	Stefan Quandt	7,6	BMW
10.	Johanna Quandt	6,7	BMW

Quelle: Forbes (die komplette Liste der 50 reichsten Deutschen findet sich im Anhang) In der Aufstellung von *Forbes* fehlt der Eigentümer der Fa. Lidl, Dieter Schwarz, der in der Liste des Manager-Magazins im Jahr 2006 mit 10,25 Milliarden Euro geführt wird und damit als drittreichster Deutscher gilt.

Macht und Herrschaft im Shareholder-Kapitalismus

Im Shareholder-Kapitalismus sind Menschen Kostenfaktoren, in den Unternehmen geht es vorrangig darum, Personalkosten zu senken. Die Manager versuchen, die Arbeitszeit der Beschäftigten zu verlängern, deren Löhne abzusenken, die Arbeitsbedingungen zu verschlechtern und die Demokratie im Betrieb einzuschränken. Der Druck auf die Belegschaften ist in den letzten Jahren massiv verstärkt geworden, der „Klassenkonsens" des Rheinischen Kapitalismus ist längst aufgekündigt worden.

Rheinischer Kapitalismus
Darunter versteht man die „mildere" Form des Kapitalismus. Der Begriff spielt auf den rheinischen Bundeskanzler Adenauer mit dem damaligen Regierungssitz Bonn an (auch: „soziale Marktwirtschaft"). Zum Rheinischen Kapitalismus gehört auch die „Sozialpartnerschaft" zwischen Gewerkschaften und Arbeitgebern sowie stärkere staatliche Regulierung wirtschaftlichen Handelns (Marktregulierung).

Eine kleine Gruppe von Menschen entscheidet heute über die Verwendung des gesamten gesellschaftlichen Vermögens in der Wirtschaft. Aber nicht im Interesse der vielen abhängigen Bezieher kleiner Einkommen und nach deren Bedürfnissen. Sie fällen ihre Entscheidungen im Interesse der Vermehrung des akkumulierten Vermögens. Eigentum heißt Macht. Diese Macht wird eingesetzt, um die eigene Position zu festigen und auszubauen. Dies geschieht tagtäglich in den Betrieben und Verwaltungen, in der Gesellschaft und auch gegenüber Parteien und Regierungen. Dabei werden verschiedene Mittel eingesetzt.

Druckmittel Arbeitsplatz

Diejenigen, die über die Produktionsmittel verfügen, verfügen damit auch über das wirkungsvollste Droh- und Druckmittel, den Arbeitsplatz. Die hohe Arbeitslosigkeit und die weitverbreitete Angst der Beschäftigten vor Hartz IV sorgen seit Jahren dafür, dass sich die Kräfteverhältnisse in der Gesellschaft zugunsten des Kapitals verschoben haben. Die Arbeitgeber haben relativ leichtes Spiel, ihre Interessen durchzusetzen. Wenn sich Betriebsrat oder Gewerkschaft gegen Lohn- und Sozialabbau zur Wehr setzt, wird Druck gemacht: Dann müssten eben *„Arbeitsplätze abgebaut oder ins Ausland verlagert werden"* – so lautet das bekannteste und wirksamste Drohmittel in der betrieblichen Auseinandersetzung.

Viele Manager bemühen sich nicht einmal mehr, die eine oder andere Maßnahme wirtschaftlich zu begründen. Sie handeln aus der Position des vermeintlich Stärkeren. Das Erpressungspotenzial des Managements und der Finanzinvestoren ist in den letzten Jahren deutlich gewachsen, der Druck ist größer geworden und hat unter dem

Strich zu erheblichen Zugeständnissen geführt. Dabei wird insbesondere das Drohmittel der Verlagerung der Produktion ins Ausland benutzt.

Drohgebärden waren erfolgreich
Die Standortdebatten werden in vielen Fällen als Mittel eingesetzt, um wirtschaftliche Interessen durchzusetzen. Die Drohung der Verlagerung steht dabei allerdings in einem deutlichen Gegensatz zum tatsächlichen Umfang der Produktionsverlagerung. So geschahen Kapitalverlagerungen in den Jahren 2001 bis 2004 in einem Umfang, der weniger als einem Prozent der inländischen Bruttoanlageinvestitionen entspricht. Sie wurden von den Kapitalzuflüssen (rund vier Prozent) deutlich übertroffen (Huffschmid, S. 693).

Die Hans-Böckler-Stiftung hat in einer aktuellen Studie diese Zusammenhänge genauer untersucht und dabei interessante Ergebnisse zu Tage gefördert:
- In jedem sechsten deutschen Unternehmen mit mehr als 20 Beschäftigten stand das Thema Standortverlagerung in den letzten Jahren auf der Tagesordnung.
- In fast der Hälfte der Betriebe kam es am Ende nicht zu einer Standortverlagerung.
- Besonders groß ist die Diskrepanz zwischen Ankündigung und Umsetzung in Großbetrieben.
- Aber: In fast jedem zweiten der Betriebe, die letztlich nicht verlagert wurden, verschlechterten sich die Arbeitsbedingungen (weniger Gehalt/längere Arbeitszeit).

Die Studie weist im Übrigen eindeutig nach, dass es den Unternehmen, in denen Standortüberlegungen angestellt wurden, wirtschaftlich überdurchschnittlich gut geht! Die Forscher kommen deshalb zu dem Schluss, dass die Unternehmen i.d.R. nicht auf eine Notlage reagieren, *„es ist eher zu vermuten, dass sie ihre recht gute wirtschaftliche Situation sichern bzw. verbessern wollen"* (HBS, Standortverlagerungen).

Fakt ist: Die Androhung einer Verlagerung reicht oft schon aus, um Arbeitnehmervertretungen in die Knie zu zwingen. Aus rein wirtschaftlichen Erwägungen gab es also oft überhaupt keine „Not" zum Handeln – eine mögliche Standortverlagerung wurde vielmehr als schlichtes, aber wirksames Drohmittel eingesetzt. Für die betrieblichen Interessenvertretungen ist dies eine äußerst schwierige Konstellation. Sie müssen im Zweifelsfall abwägen, wie „ernst" die Drohung ist oder ob das Management eventuell nur „pokert", um Arbeitsstandards zu senken.

Schmiermittel Korruption
„Früher" war Korruption eher ein Problem „der Anderen" – in Deutschland trug man weiße Weste. Damit ist es aber spätestens seit den Machenschaften im Hause Siemens vorbei. Zwar gelten deutsche Unternehmen im Ausland als vergleichsweise ehrlich,

doch in jüngster Zeit nehmen auch bei ihnen die Korruptionsfälle zu. Die Liste der aufgedeckten Fälle wird länger, deutsche Unternehmen geraten zusehends ins Zwielicht. Schmiergeld- und Schwarzgeld-Affären sind geradezu an der Tagesordnung. Die bekannt gewordenen Fälle (wie VW, Infineon, BMW, Rewe, Mercedes, Commerzbank, Berliner Bankgesellschaft u.v.a.) lassen vermuten, dass in der deutschen Wirtschaft ein erhebliches Maß an krimineller Energie vorhanden sein muss. Gleichzeitig stellt sich die Frage, inwieweit die jeweiligen Unternehmensführungen Bescheid wussten (und wissen).

Nach Einschätzung der Anti-Korruptionsorganisation Transparency International (TI) hat Deutschland keine Fortschritte im Kampf gegen die Korruption gemacht. In dem im Dezember 2006 veröffentlichten Korruptionsbarometer landet Deutschland wie im Vorjahr auf Platz 16 von 163 untersuchten Staaten. Länder mit der geringsten Bestechlichkeit sind Finnland, Island und Neuseeland. Schlusslichter sind Haiti, Guinea, Irak und Birma. Nach den jüngsten Korruptionsfällen halten die Deutschen ihre Unternehmen für genauso korrupt wie die Italiener oder Lateinamerikaner (www.transparency.org).

Fakt ist, dass die Korruption ein weitverbreitetes und zunehmendes Problem in der deutschen Wirtschaft ist. Fakt ist auch, dass die Korruption im Verborgenen agiert. Nur hin und wieder gelingt es, durch die Aufdeckung einzelner Skandale die intensive Verquickung von Politik, Macht und Geld öffentlich zu machen. Das Phänomen Korruption darf dabei keineswegs auf dubiose „Lustreisen" (siehe VW) reduziert werden. Im Kern geht es vielmehr um systematische Schmiergeldzahlungen mit dem Ziel, an Aufträge zu kommen. Viele Unternehmen lassen sich auf solche (illegalen) Praktiken ein, weil sich Korruption für sie „auszahlt". Nämlich dann, wenn der Auftrag gewonnen und die Konkurrenz ausgeschaltet ist – frei nach dem Motto „der Zweck heiligt die Mittel". Korruption ist also eine Strategie, um sich Wettbewerbsvorteile zu Lasten der (integeren) Konkurrenz zu verschaffen.

Kritiker sehen hinter diesem Vorgehen deshalb auch kein zufälliges Verhalten oder spontanes Fehlverhalten einzelner Manager einzelner Konzerne, sondern bewusste unternehmerische Entscheidungen. Dazu gehört oft auch ein zweites Buchhaltungssystem, das z.B. mit Hilfe von Anwälten und Briefkastenfirmen im Ausland betrieben wird. Da für ein solches Vorgehen erhebliche Bestechungsgelder bereitgestellt werden müssen, könne die Entscheidung darüber nicht von unterordneten Managern gefällt werden. Äußerst zweifelhaft ist deshalb, dass solche Praktiken ohne Wissen der Spitzenebene eines Konzerns überhaupt möglich sind! Da die Vorstände aber nicht operativ tätig sind, geraten sie auch nur selten ins Visier der Staatsanwälte. Vor Gericht stehen dann i.d.R. eher Vertreter der zweiten und dritten Ebene.

Bestechung von Abgeordneten

Deutschland hat immer noch nicht die UNO-Konvention gegen Korruption ratifiziert – im Gegensatz zu knapp neunzig anderen Staaten. In fast allen Demokratien steht die Abgeordnetenbestechung heute unter Strafe. Hierzulande weigert sich aber der Deutsche Bundestag, ein entsprechendes Gesetz auf den Weg zu bringen. *„Was habt ihr zu verbergen?"* fragte deshalb der Generalsekretär des Europarats, Terry Davis, die deutschen Parlamentarier öffentlich, ohne jedoch eine Antwort zu bekommen. Denn die meisten Abgeordneten stellen sich taub. Die Münchner Oberstaatsanwältin Dr. Regina Sieh stellte dazu einmal treffend fest: *„Politiker haben keinen Anreiz, Korruption zu bekämpfen. Sie wollen vielmehr gar nichts von dem Thema wissen. Auch das Unrechtsbewusstsein von Politikern ist nicht stark ausgeprägt. Im Gegenteil, manche halten ‚Provisionen' für einen legitimen Teil ihrer Einkommen."* Fakt ist: Korruption ist ein ernstzunehmendes Problem mit weitreichenden wirtschaftlichen, politischen und gesellschaftlichen Folgen.

> *„Ich höre immer: Korruption. In Deutschland wird nicht bestochen. In Deutschland wird beeinflusst."*
> Kurt Tucholsky, 1932

Der ideologische Überbau

Um die Vormachtstellung der Reichen und Mächtigen zu rechtfertigen und zu festigen, braucht der Shareholder-Kapitalismus einen ideologischen Überbau und ein politisches Handlungskonzept. Das ist der Neoliberalismus. Während der klassische Liberalismus sich einst als eine fortschrittliche Bewegung des Bürgertums gegen den Feudalstaat richtete, bekämpft der Neoliberalismus vorrangig den Sozialstaat.

> Wer sich intensiver mit dem Thema Neoliberalismus beschäftigen möchte, dem seien folgende Bücher empfohlen:
> - Butterwegge, Lösch, Ptak; Kritik des Neoliberalismus
> - Urban; ABC zum Neoliberalismus

Der Neoliberalismus basiert auf der klassischen Nationalökonomie. Einer der Mitbegründer war der französische Nationalökonom Jean Baptiste Say (1767-1832), dessen Grundgedanke, das sogenannte Saysche Theorem, besagt, dass sich das Angebot seine Nachfrage von selbst schafft. Unter den Bedingungen der *„freien Konkurrenz"* – so die Theorie – sorgt der Marktmechanismus automatisch dafür, dass sich ein makroökonomisches Gleichgewicht einstellt *(„markträumendes Gleichgewicht")*. Nach dieser Auffassung besteht auf den Märkten permanent ein Gleichgewicht zwischen Angebot und

Nachfrage: Ist eine Ware zu teuer, so muss der Preis so lange gesenkt werden, bis schließlich ein Käufer bereit ist, diese Ware zu kaufen.

Neoliberale Ökonomen und die von ihnen beeinflussten Politiker gehen also grundsätzlich von der Angebotsseite des Marktes aus. Sie argumentieren in der betriebswirtschaftlichen Logik. Ihre immer wiederkehrende Behauptung lautet, dass die Rentabilität der Unternehmen zu gering sei, weil die Kosten zu hoch seien. Ihre primitive Schlussfolgerung: Die Löhne sind zu hoch. Wenn sie stark genug sinken, wird sich Vollbeschäftigung einstellen. Ein Beispiel dafür liefert der Präsident des ifo-Instituts, Prof. Hans-Werner Sinn: *„Jeder, der Arbeit sucht, findet Arbeit, wenn man zulässt, dass der Lohn weit genug fällt, denn je weiter er fällt, desto attraktiver wird es für die Arbeitgeber, Arbeitsplätze zu schaffen."*

Die Arbeitskraft wird wie jede andere Ware betrachtet. Je billiger diese Ware ist, desto mehr wird angeblich davon gekauft. Der neoliberale Ansatz läuft daher auf Lohnsenkung und Lohndifferenzierung hinaus. Verteilungspolitisch geht es um eine Umverteilung des Volkseinkommens von den Arbeitseinkommen hin zu den Gewinn- und Vermögenseinkommen. Neoliberale plädieren dafür, dass sich der Staat aus dem Wirtschaftsgeschehen heraushält. Sie kämpfen für eine fortschreitende Privatisierung, Deregulierung und Liberalisierung der gesamten Wirtschaft.

> *„Unterstützt wird die Doktrin des Shareholder-Value durch eine neoliberale Wirtschaftsordnung, die den Markt vergöttert und dem Staat empfiehlt, sich herauszuhalten."*
> Lothar Kamp

Der Neoliberalismus reicht weit über die Ökonomie hinaus und durchdringt praktisch alle gesellschaftlichen Bereiche. Wesentliche Elemente neoliberaler Politik sind:
- Stärkung des Individualismus
- Privatisierung, insbesondere im Bereich staatlicher Daseinsvorsorge
- Privatwirtschaftliche Prägung der Sozialsysteme
- „Lockerung" des Tarifrechts (betriebliche Vereinbarungen)
- „Lockerung" des Arbeitsrechts (insbesondere Kündigungsschutz).

Von Meinungs-Machern und Meinungs-Mache

Unterstützung erhält der Neoliberalismus von den privatwirtschaftlichen Medien. Hier sind insbesondere Publikationen wie BILD, FAZ, FTD, Handelsblatt, Focus, Wirtschaftswoche und Spiegel zu nennen. Dazu zählen auch private TV-Sender, wie ProSiebenSAT1 oder RTL, die das Publikum tagtäglich mit Comedy-Serien, Casting-Shows, Doku-Soaps und Spiel-Shows „füttern".

> *„Wer weniger informiert wird über Politik, Wirtschaft und Kultur, der weiß auch weniger Bescheid bei der nächsten Wahl. Wer nur noch mit Dampfgeplauder, Seifenopern und Schmonzetten eingedeckt wird, hält die Welt für ein ewiges Oktoberfest."*
> Hans-Jürgen Jakobs

Diejenigen, die die Macht in der Wirtschaft haben, kümmern sich zunehmend auch darum, was die Bevölkerung denken soll. Meinungen werden heute „gemacht". Neu ist dabei, dass sich Unternehmer direkt um diese Meinungsmache kümmern. Nach dem Motto *„Wer die öffentliche Meinung beherrscht, der bestimmt die politische Linie!"* Ihr Ziel ist es, wirtschaftsfreundliche „Reformen" gesellschaftsfähig zu machen. Das überlassen sie nicht dem Zufall. Und sie lassen sich das Einiges kosten.

Konzerne und Arbeitgeberverbände investieren Millionenbeträge in ideologische Denkfabriken, z.B. in die Initiative Neue Soziale Marktwirtschaft. Diese wirtschaftsliberale Lobbyorganisation mit Sitz in Köln wurde im Jahr 2000 vom Arbeitgeberverband Gesamtmetall gegründet. Neben einer kleinen Zahl fester und freier Mitarbeiter gibt es ca. 2.000 sogenannte Kuratoren, Botschafter und Unterstützer. Darüber hinaus fungiert das arbeitgeberfinanzierte Institut der deutschen Wirtschaft (IW) als wissenschaftlicher Berater. Die INSM arbeitet mit dem Institut für Demoskopie Allensbach zusammen und steht in engem Kontakt zur Stiftung Marktwirtschaft.

Den Kern der Aktiven der Initiative bilden die Geschäftsführer Max A. Höfer (ehemals Ressortleiter der Zeitschrift Capital) und Dieter Rath, ehemals Chef der Abteilung Öffentlichkeitsarbeit im Bundesverband der Deutschen Industrie (BDI). In der Öffentlichkeit wirken vor allem die sogenannten Kuratoren und Botschafter der Initiative.

Kuratoren:
- Hans Tietmeyer (Vorsitzender des Kuratoriums und ehemaliger Präsident der Deutschen Bundesbank)
- Michael Hüther (Direktor und Mitglied des Präsidiums des IW Köln)
- Martin Kannegießer (Präsident des Arbeitgeberverbandes Gesamtmetall)
- Oswald Metzger (ehemaliger haushaltpolitischer Sprecher der Bündnisgrünen)
- Randolf Rodenstock (Vorsitzender des Aufsichtsrats der Rodenstock GmbH)
- Hans-Dietrich Winkhaus (Präsident des IW Köln).

Botschafter sind u.a. Roland Berger, Ralf Dahrendorf, Paul Kirchhof, Rolf Peffekoven, Bernd Raffelhüschen, Lothar Späth u.v.a.m.

Die Initiative Neue Soziale Marktwirtschaft vertritt einen lupenreinen neoliberalen Kurs. Ihre bewusst positiv formulierten Botschaften lauten „Eigeninitiative", „Leistungsbereitschaft" und „Wettbewerb". Ihre Ziele sind weniger Staat, Senkung der

(Unternehmens-)Steuern, Abbau der Bürokratie, Abbau bzw. Reduzierung der Mitbestimmung, „Flexibilisierung" der Tarifpolitik usw.

Im Kern geht es ihnen um eine systematische Beeinflussung von Öffentlichkeit und um Meinungsbildung. Und es geht ihnen darum, die gesellschaftlichen Werte grundlegend zu verändern. Besonders raffiniert sind die Methoden, mit denen die INSM vorgeht. Dazu einige Beispiele:
- Die INSM stellt Lehrern fertig benutzbare Materialien mit den entsprechenden neoliberalen Inhalten für den Unterricht an Schulen zur Verfügung.
- Die INSM unterhält gezielt Medienpartnerschaften, z.B. zur Financial Times Deutschland, dem Handelsblatt, der Wirtschaftswoche und dem Focus.
- Die INSM stellt sogenannte Experten für Talkrunden sowie Interviewpartner für Zeitungsredaktionen.
- Die INSM liefert fertige Beiträge für Print- und Fernsehredaktionen. Diese werden oft veröffentlicht, ohne die INSM als Autor zu kennzeichnen. Die konkreten Interessen der Wirtschaft bleiben also im Verborgenen.

Der Arbeitgeberverband Gesamtmetall lässt sich die INSM jährlich 10,25 Millionen Euro kosten. Ein nicht unbeträchtlicher Teil dieser Mittel fließt in die Schulung ihrer „Botschafter" für Medienauftritte.

> In einer Anzeigenserie versucht die Initiative ihre ideologischen Botschaften „nett verpackt" an den Mann und an die Frau zu bringen. Dazu werden auch Prominente eingespannt. Ein Beispiel: Heiner Brand, Trainer der deutschen Handballnationalmannschaft, wird in einer ganzseitigen Anzeige u.a. mit folgender Aussage zitiert:
> „Wer Erfolg will, muss Reformen anschieben und sie in einer Gesamtstrategie weiterentwickeln ... Im Sport wie in der Wirtschaft ist es wichtig, mit einem hohen Maß an Eigenverantwortung zu agieren und sich selbstbewusst dem Vergleich mit anderen zu stellen."

Die Initiative geht sehr gezielt und systematisch vor. Nichts wird dem Zufall überlassen. Dazu zählt auch, dass die PR-Strategen kritischen Journalisten Gewerkschafts- oder Parteinähe vorwerfen. Oder sie werden als Attac-Sympathisanten dargestellt. Betroffen sind vor allem freie Journalisten. Damit soll die Qualität ihrer Arbeit in Frage gestellt werden.

Nüchtern muss festgestellt werden, dass die Privilegierten weitgehend die öffentliche Meinung bestimmen. Marktradikale beherrschen mit ihrem Denken die Wirtschaftsteile großer Zeitungen und auch die Köpfe wichtiger Menschen in Ministerien und in den Parteien.

Drittes Kapitel: Die Verteilung

„Ach es sind die feinsten Leute –
wenn man sie nicht gerade stört.
Bei dem Kampf um die Beute,
welche ihnen nicht gehört."
Bertolt Brecht

Geld kann eine Gesellschaft reich machen – oder spalten

Unter Verteilung oder Distribution verstehen Volkswirte die Aufteilung von Einkommen und Vermögen auf verschiedene Wirtschaftsbereiche oder Personen bzw. Personengruppen. Fragen der Verteilung und der Verteilungsgerechtigkeit sind in allen Volkswirtschaften zentrale soziale und politische Themen. Heute mehr denn je, denn die Verteilungskluft ist größer geworden. Früher glich die Vermögensverteilung in Deutschland in etwa einer Zwiebel, *„wenige Bitterarme, eine fette Mitte und wenige Superreiche. Nun bekommen schon seit längerem die Enden Zuwachs: Die Verschuldung nimmt zu, es wächst aber auch die Gruppe der Einkommensmillionäre und der Milliardäre"* (Minkmar). Und der Grund dafür liegt offensichtlich nicht darin, dass die einen besonders fleißig sind oder die anderen faul.

Während oben rauschende Feste gefeiert werden, reicht in vielen Hartz-IV-Familien das Geld nicht, um die Kinder richtig satt zu bekommen.

Bei der Verteilung von Einkommen und Vermögen geht es um mehr als um „Monetäres". Es geht dabei immer auch um die die Zuteilung von Lebenschancen. Und nicht zuletzt geht es um Macht, denn wer über viel Geld und Vermögen verfügt, der kann auch über die Produktionsmittel verfügen und damit „Richtung" und „Tempo" des Wirtschaftens bestimmen. Die reale Verteilung in einem Land ist insofern auch ein Spiegelbild der herrschenden Kräfteverhältnisse.

Die Verteilungsfrage ist ein zentrales gesellschaftliches Thema, denn Geld kann eine Gesellschaft reich machen – oder spalten. Die Verteilung in einem Land entscheidet mit darüber, ob soziale Integration oder Ausgrenzung und Polarisierung stattfinden. Ob die Verteilung von Einkommen und Vermögen in einem Land eher „gleich" oder eher „ungleich" ist, hat also vielfältige und weitreichende Auswirkungen
- auf die Lebensbedingungen der Menschen
- auf deren soziales Verhalten
- auf die gesamtwirtschaftliche Nachfrage
- auf die politische Stabilität eines Landes.

Bei der Verteilungsfrage geht es zum einen um objektiv messbare Daten und Fakten, aber immer auch darum, wie die vorhandene Verteilung „empfunden" wird. Also etwa darum, ob das jeweilige Einkommen gerecht erscheint und ob die Höhe der Vorstandsgehälter für Manager als angemessen empfunden wird oder nicht.

Wie wird Verteilung gemessen?

Ob die Verteilung in einem Land eher gleich oder eher ungleich ist, kann mit verschiedenen Verfahren gemessen werden. Üblicherweise werden Verteilungszustände mithilfe der sogenannten Lorenzkurve (nach Max Otto Lorenz) dargestellt. Diese eignet sich zur graphischen Darstellung von statistischen Verteilungen und zur Veranschaulichung des Ausmaßes der Ungleichheit. Bei völliger Gleichverteilung würde sich eine 45-Grad-Linie ergeben. Gleichverteilung hieße, dass 10 Prozent aller Haushalte 10 Prozent des Einkommens erhalten, 20 Prozent der Haushalte 20 Prozent usw. Je stärker die jeweilige Lorenzkurve von der 45-Grad-Linie abweicht, desto größer ist die Ungleichverteilung.

Die Einkommensverteilung lässt sich aber auch mit dem nach dem italienischen Statistiker Corrado Gini benannten Gini-Koeffizienten darstellen. Der Gini-Koeffizient gibt das Maß der Verteilung an, dabei bedeutet 0 absolute Gleichverteilung und 1 eine absolute Ungleichverteilung. Je größer die Zahl, desto ungleicher die Verteilung. Die OECD hat vor kurzem die aktuellen Daten für die einzelnen Länder vorgelegt:

Gini-Koeffizienten – Auszug

Schweiz	0,32
Niederlande	0,33
Deutschland	0,39
USA	0,42
Großbritannien	0,43
Südamerika	0,61

Quelle: OECD

Wie die Aufstellung zeigt, gibt es gravierende Unterschiede, etwa zwischen der Einkommensverteilung in der Schweiz und in Südamerika. Aber auch in Europa sind die Unterschiede erkennbar, es gibt einige Länder, in denen die Einkommen wesentlich gleichmäßiger verteilt sind als bei uns. Neben diesem „Quervergleich" zu anderen Ländern ist vor allem der „Längsvergleich", also die Frage, wie sich der Gini-Koeffizient im zeitlichen Ablauf entwickelt, von Bedeutung. Für Deutschland ist er in den letzten Jahren gestiegen. Die Ungleichheit ist also deutlich größer geworden.

Primärverteilung
Darunter versteht man die Verteilung der Markteinkommen im Wettbewerb (z.B. Löhne und Gehälter).

Sekundärverteilung
Das ist die Einkommensverteilung nach der staatlichen Umverteilung. Durch Steuern und Sozialabgaben werden Einkommen gemindert oder durch Rente, Kindergeld, Sozialhilfe usw. erhöht.

Die Verteilung zwischen Arbeit und Kapital

In der volkswirtschaftlichen Gesamtrechnung des Statistischen Bundesamtes werden alle Einkommen laufend erfasst. In der Verteilungsrechung wird dann ausgewiesen, wie sich die Verteilung des Volkseinkommens auf Kapital und Arbeit im Zeitablauf entwickelt hat. Für 2006 ergibt sich dabei folgendes Ergebnis:

Eckdaten der gesamtwirtschaftlichen Entwicklung 2006

	Angaben in Mrd. Euro	Veränderung zum Vorjahr in %
Bruttoinlandsprodukt	2.309	+ 3,0
Volkseinkommen	1.747	+ 4,3
Arbeitnehmerentgelt	1.146	+ 1,5
– davon: Bruttolöhne und -gehälter	925	+ 1,5
– davon: Nettolöhne und -gehälter	604	+ 0,4
Einkommen aus Unternehmertätigkeit und Vermögen	601	+ 10,1

Quelle: Statistisches Bundesamt, VGR, Tabelle 2.1.3/Eigene Berechnungen

Die Einkommen von Arbeit und Kapital sind 2006 auseinandergedriftet. Während das von den Arbeitnehmerinnen/Arbeitnehmern produzierte Volkseinkommen um 4,3 Prozent gestiegen ist, erhöhten sich ihre Bruttolöhne und -gehälter lediglich um 1,5 Prozent. Nach Abzug der Steuern und Sozialabgaben verblieb nur noch ein Plus von 0,4 Prozent. Gleichzeitig sind die Einkommen aus Unternehmertätigkeit und Vermögen zweistellig gewachsen. Damit setzte sich eine Entwicklung fort, die schon seit 2000 anhält:

Die Verteilung des Volkseinkommens (2000–2006)

	2000 in Mrd. Euro	2006 in Mrd. Euro	2000–2006 in Prozent
Volkseinkommen	1.524	1.747	+ 14,6
Arbeitnehmerentgelte	1.100	1.146	+ 4,2
Unternehmergewinne und Vermögenseinkommen	424	601	+ 41,7

Quelle: Statistisches Bundesamt, VGR, Tabelle 2.1.3/Eigene Berechnungen

Das Volkseinkommen ist zwischen 2000 und 2006 um insgesamt 223 Mrd. Euro gestiegen, ein Plus von fast 15 Prozent. Im gleichen Zeitraum sind das Arbeitnehmerentgelt um 46 Mrd. Euro und die Gewinn- und Vermögenseinkommen um 177 Mrd. angewachsen.

Die Arbeitnehmer/-innen haben also von der Steigerung des Volkseinkommens in den letzten sechs Jahren gerade einmal ein Fünftel abbekommen.

Lohnquote auf historischem Tiefstand

Seinen Niederschlag findet diese Entwicklung in der Lohnquote. Sie ist der Maßstab für die gesamtwirtschaftliche Verteilung der Einkommen, eine grobe statistische Kennziffer der funktionellen Einkommensverteilung zwischen Arbeit und Kapital. Ein Sinken dieser Quote ist ein Anzeichen für eine Umverteilung zu Lasten der Lohnabhängigen und zugunsten der Gewinn- und Vermögenseinkommensbezieher.

Entwicklung der Bruttolohnquote 2000–2006

Jahr	Tatsächliche Bruttolohnquote	Strukturbereinigte Bruttolohnquote	Tatsächliche Bruttogewinnquote
1991	71,0	71,0	29,0
2000	72,2	72,9	27,8
2002	71,6	72,5	28,4
2004	68,9	70,3	31,1
2006	65,6	67,0*	34,4

* geschätzt

Quelle: Statistisches Bundesamt, VGR, Tabelle 2.1.3/Eigene Berechnungen

Die Lohnquote hat einen historischen Tiefstand erreicht. Diejenigen, die den Reichtum der letzten Jahre erarbeitet haben, sind immer weiter zurückgedrängt worden.

Die personelle Einkommensverteilung

Während bei der funktionellen Einkommensverteilung die Verteilung der Einkommen auf Arbeit und Kapital im Mittelpunkt steht, geht es bei der personellen Einkommensverteilung um die Verteilung auf unterschiedliche sozioökonomische Haushaltsgruppen (ohne Rücksicht auf die Quelle des Einkommens). Für den Zeitraum 1991 bis 2005 hat das Statistische Bundesamt folgende Entwicklung festgestellt:

Durchschnittliches Netto-Jahreseinkommen je Haushalt (1991–2005)

Haushalt nach sozialer Stellung des Haupteinkommensbeziehers	1991	2005	Veränderung in %
	Euro je Haushalt		
Privathaushalte insgesamt	26.000	33.700	+ 30
Haushalte von			
- Selbstständigen	77.200	106.900	+ 38
- Arbeitnehmern	27.300	35.900	+ 32
- Beamten	33.700	42.800	+ 27
- Angestellten	29.000	38.200	+ 32
- Arbeitern	24.100	30.200	+ 25
- Nichterwerbstätigen	16.500	21.200	+ 28

Quelle: Statistisches Bundesamt, PM vom 27.11.2006

Im Durchschnitt stieg das Netto-Jahreseinkommen im Zeitraum 1991–2005 um 30 Prozent. Nach Abzug der Preissteigerungsrate hatten die Durchschnittsfamilien rund zwei Prozent weniger zur Verfügung als Anfang der 1990er Jahre.

Zwischen den verschiedenen Einkommensbeziehern gibt es erhebliche Unterschiede:
- Deutlich über dem Durchschnitt lag allein die Entwicklung der Selbstständigenhaushalte mit 38 Prozent. Die Familien der Selbstständigen haben ein über dreimal so hohes Jahreseinkommen wie die Durchschnittsfamilien. Die Relation hat sich seit 1991 deutlich zugunsten der Selbstständigen verbessert.
- Am schlechtesten schnitten die Arbeiterhaushalte ab. Ihre Nettoeinkommen stiegen lediglich um 25 Prozent. Real blieb ihnen ein dickes Minus von rund sieben Prozent.

Zunehmende Ungleichheit der Markteinkommen

Das DIW hat in einer umfangreichen Untersuchung alle am Markt erzielten Bruttoeinkommen (Löhne, Gehälter, Unternehmer- und Vermögenseinkommen) über einen langen Zeitraum (1992 bis 2001) analysiert. Ein besonderes Augenmerk wurde dabei auf die Verteilung in der absoluten Spitze gelegt. Die wichtigsten Ergebnisse dieser Untersuchung im Überblick:

- Die Markteinkommen aller Deutschen sind über den Zeitraum der Untersuchung preisbereinigt konstant geblieben.
- Dagegen konnte die Gruppe der oberen zehn Prozent nennenswerte Zuwächse erzielen, nämlich über sieben Prozent.
- Je höher man in der Einkommenspyramide steigt, desto größer werden die Zuwächse – die „ökonomische Elite" der 650 Reichsten konnte ihr Markteinkommen um mehr als ein Drittel erhöhen, die kleine Gruppe der 65 Superreichen sogar mehr als verdoppeln!

Verteilung der Markteinkommen in Deutschland von 1992–2001

Einkommensgruppe in Prozent	Zahl der Personen	Durchschnittliches Einkommen in Euro im Jahr 2001	Zunahme seit 1992 in Prozent
0,0001	65	48.152.000	53,0
0,001	650	14.981.000	35,4
1,0	650.000	240.000	6,9
10,0	6.500.000	83.000	7,3

Quelle: DIW-Wochenbericht Nr. 13/2007, S. 194

Die DIW-Studie zeigt die extremen Ungleichgewichte der Entwicklung in der letzten Dekade des 20. Jahrhunderts. Die Untersuchung macht deutlich: Reale Zuwächse gab (gibt) es nur für Reiche; je höher man in der Einkommenspyramide rangiert, desto größer sind die Zuwächse.

Aktuellere Daten liegen noch nicht vor. Fest steht aber, dass nach 2001 die Arbeitslosigkeit gestiegen und die Lohnquote gesunken ist. Deshalb geht das DIW auch davon aus, dass sich „*die zunehmende Ungleichheit und Konzentration der Markteinkommen in den letzten Jahren verstärkt hat*" (DIW, S. 198).

Armut und Reichtum in Deutschland

Über Geld spricht man nicht, man hat es, oder man hat es nicht – sagt der Volksmund. Geradezu verpönt war es lange Zeit, in Deutschland über Armut zu sprechen. Armut, so dachten viele, sei ein Problem der Dritten Welt. Spätestens seit Erscheinen des Armuts- und Reichtumsberichts der Bundesregierung ist es aber „offiziell" und lässt sich auch nicht mehr leugnen: Deutschland ist ein reiches Land, das sich sehr viele Arme leistet. Die Schere zwischen Arm und Reich hat sich weiter geöffnet.

Die Reichen werden reicher und die Armen werden ärmer. So lautet die Quintessenz des 2. Armuts- und Reichtumsberichts, der Anfang März 2005 veröffentlicht wurde.

Weitere Untersuchungen, die zwischenzeitlich abgeschlossen wurden, kommen allesamt zum gleichen Ergebnis.

> **Armes reiches Deutschland**
>
> *„In Gelsenkirchen lebt jedes dritte Kind unter Hartz IV-Bedingungen."*
> WAZ vom 20.06.2007
>
> *„In NRW leben 3.200 Menschen, deren Einkommen über eine Million im Jahr beträgt."*
> WAZ vom 26.6.2007
>
> Nach den Hartz IV-Regelsätzen stehen für das Essen für ein zehnjähriges Kind 2,55 Euro pro Tag zur Verfügung.

Die „neue" Armut

Armut bezeichnet eine *„Situation wirtschaftlichen Mangels, die verhindert, ein angemessenes Leben zu führen"*. Unterschieden wird in „absolute" und „relative" Armut. Von absoluter Armut spricht man, wenn es den Menschen an lebensnotwendigen Dingen fehlt und deren physische Existenz unmittelbar bedroht ist. In Deutschland sind die Menschen durch soziale Sicherungssysteme vor absoluter Armut geschützt. Wenn hier von Armut die Rede ist, ist also immer relative Armut gemeint. Diese *„bestimmt sich in Abhängigkeit von den Lebensverhältnissen in einem bestimmten Land. Als arm gelten diejenigen Personen, die über so geringe Ressourcen verfügen, dass sie den in ihrer Gesellschaft als annehmbar geltenden Lebensstandard nicht erreichen"* (Statistisches Bundesamt, Leben, S. 17).

> **Armuts-Definition**
>
> Als „arm" gilt, wer weniger als 60 Prozent des mittleren Nettoeinkommens zur Verfügung hat. Das waren zuletzt für einen Single im Jahr 10.274 Euro oder 856 Euro im Monat. Eine Familie mit zwei Kindern ist danach armutsgefährdet, wenn ihr weniger als 1.798 Euro monatlich zur Verfügung stehen (Statistisches Bundesamt, Europa).

Schauen wir uns zunächst die wichtigsten Ergebnisse des 2. Armuts- und Reichtumsberichts an. Besonders fällt dabei der starke Anstieg bei den Arbeitslosen von 33 auf 41 Prozent auf. Der Verlust des Arbeitsplatzes birgt also das größte Armutsrisiko. Aber auch bei den Arbeitnehmerinnen/Arbeitnehmern ist der Anteil der Armen gestiegen. Insgesamt galten rund elf Millionen Bundesbürger nach dieser Studie als arm.

Armutsrisikoquoten

Personengruppen unterhalb der Armutsgrenze (938 Euro)	2003 (in Prozent)	Zum Vergleich: 1998
16–24 Jahre	19,1	14,9
50–64 Jahre	11,5	9,7
Männer	12,6	10,7
Frauen	14,4	13,3
Arbeitslose	40,9	33,1
Arbeitnehmer/-innen	7,1	5,7
Gesamt	13,5	12,1

Quelle: 2. Armuts- und Reichtumsbericht, S. 262 f.

2006 hat das Statistische Bundesamt die Untersuchung „Leben in Europa" veröffentlicht. Damit wurden erstmals EU-weit vergleichbare Daten zur Armut zur Verfügung gestellt. Nach dieser Studie waren 13 Prozent der Bevölkerung armutsgefährdet, das sind 10,6 Millionen Menschen, darunter 1,7 Millionen Kinder unter 16 Jahren. Die höchsten Armutsgefährdungsquoten haben Arbeitslose und Alleinerziehende. Ein weiteres Armutsrisiko sind fehlende Bildungsabschlüsse.

Das Statistische Bundesamt beschreibt, was Armut konkret bedeutet: *„Menschen mit Armutsgefährdung müssen im Alltag auf viele grundlegende Dinge verzichten: Mehr als die Hälfte der Armutsgefährdeten in Deutschland können es sich nach eigenen Angaben nicht leisten, eine Woche Urlaub woanders als zu Hause zu verbringen oder unerwartete Ausgaben zu bewältigen (zum Beispiel eine defekte Waschmaschine zu ersetzen). Und 14 Prozent der armutsgefährdeten Menschen leben in Haushalten, in denen im Winter an der Heizung gespart werden muss"* (PM des Statistischen Bundesamtes vom 05.12.2006).

Armut in NRW

Inzwischen hat die nordrhein-westfälische Landesregierung ihren 2. Armuts- und Reichtumsbericht vorgelegt. Der „Sozialbericht NRW 2007" zieht die Grenze der Armutsgefährdung bei 50 Prozent des mittleren Nettoeinkommens in NRW. Die Armutsrisikoschwelle liegt danach hier bei 615 Euro monatlich. Bei einer Familie mit einem Kind unter 14 Jahren sind es 1.353 Euro, mit zwei Kindern 1.661 Euro.

Einige der wichtigsten Ergebnisse dieser Studie:
- Im Jahr 2005 waren 14,3 Prozent der Bevölkerung in Nordrhein-Westfalen armutsgefährdet.
- Das Armutsrisiko der Erwerbslosen ist auf 43,3 Prozent gestiegen.

- Jedes vierte Kind im Alter von unter 18 Jahren lebt in einem einkommensarmen Haushalt.
- Überdurchschnittlich oft von Armut bedroht sind Migranten (Sozialbericht, S. 18 ff.).

Der Sozialbericht der Landesregierung macht deutlich, dass für viele Betroffene der Weg in die Armut schon im Kindesalter vorgegeben ist.

Kinderarmut

Die Zahl der armen Kinder steigt von Jahr zu Jahr – und das trotz Wirtschaftsaufschwung und sinkenden Kinderzahlen! Im März 2007 wurden die Daten zuletzt erhoben. Danach steht fest: In Deutschland leben 1,93 Millionen Kinder unter 15 Jahren in Familien, die von Arbeitslosengeld II leben. 478.744 sind es allein in Nordrhein-Westfalen.

Heute leben fast 17 Prozent der rund 11,5 Millionen Kinder in Deutschland in Armut. Hartz IV erweist sich für immer mehr Menschen als eine Rutsche in die Armut – und die Kinder sind die Hauptleidtragenden. Ganze 2,55 Euro stehen für das tägliche Frühstück, Mittag- und Abendessen zur Verfügung. Und es ist allgemein bekannt, dass arme Kinder schlechtere Bildungschancen und ein höheres Gesundheitsrisiko haben. Kinderarmut bedeutet darüber hinaus soziale Ausgrenzung und verbaute Lebensperspektiven. Armut raubt den Kindern die Zukunft!

2,55 Euro für's Essen

Aus dem sogenannten Eckregelsatz von 347 Euro werden die Sätze für Kinder pauschal abgeleitet. Kinder bis 14 Jahre erhalten 60 Prozent des Eckregelsatzes, das sind 208 Euro im Monat; Jugendliche ab 15 Jahre bekommen 80 Prozent, das sind 278 Euro.

Das bedeutet konkret:
Ein zehnjähriges Kind in einer Hartz-IV-Familie hat
- für das tägliche Frühstück, Mittag- und Abendessen 2,55 Euro
- für Schuhe 3,65 Euro im Monat
- für Freizeitaktivitäten 1,36 Euro im Monat
- für Bücher, Schreibwaren, Software, Ausleihgebühren, Schulmaterial 12,77 Euro im Monat
- für den Besuch von Kulturveranstaltungen 3,76 Euro.

Empfänger/-innen von Arbeitslosengeld II können ihre Kinder nicht richtig ernähren. Sozialexperten gehen davon aus, dass für eine gesunde Ernährung pro Tag mindestens vier Euro nötig sind.

Kinderarmut – kein neues Phänomen!

Im August 2007 hat endlich auch die Politik die Kinderarmut „entdeckt" und zeigte sich „betroffen". Dabei ist das Thema keineswegs neu! Armutsforscher haben schon frühzeitig auf die sich anbahnende Misere aufmerksam gemacht (siehe dazu: Butterwegge/Klundt). Zuletzt wurde vor zwei Jahren gezielt auf diese Entwicklung hingewiesen. Das UNO-Kinderhilfswerk UNICEF und das Rheinisch-Westfälische Institut für Wirtschaftsforschung (RWI) haben im März 2005 Untersuchungen zum Thema Kinderarmut vorgelegt. Danach lebten in Deutschland rd. 1,5 Millionen Kinder in Armut. Untersucht wurde die Entwicklung in 25 Industrieländern während der letzten Jahre. Als arm gilt nach UNICEF, wessen Einkommen weniger als die Hälfte des Durchschnittseinkommens in dem jeweiligen Land beträgt. Es gibt krasse Unterschiede zwischen den Ländern. Deutschland lag mit 10,2 Prozent auf einem Platz im Mittelfeld in Europa. Spitzenreiter waren Dänemark (2,4 Prozent) und Finnland (2,8 Prozent). Am anderen Ende der Skala rangieren Italien und Großbritannien mit Quoten zwischen 16,6 und 15,4 Prozent. Die Studien machten auch deutlich, dass sich in Deutschland Kinderarmut besonders auf Arbeitslose, Alleinerziehende und Zuwandererfamilien konzentriert.

Die beiden Studien hatten darüber hinaus auch die Veränderung der Kinderarmut in den 1990er Jahren untersucht und als besonders alarmierenden Tatbestand herausgestellt, dass Deutschland hier mit 2,7 Prozentpunkten Zuwachs zu den am stärksten Betroffenen gehörte. Allen Experten war Anfang 2005 klar, dass die Zahl im Zuge der Umsetzung von Hartz IV in den folgenden Jahren noch weiter steigen würde.

„Deutschland hat zu wenig Kinder. Und unter den wenigen Kindern sind immer mehr arm. Sie haben schlechtere Bildungschancen und ein höheres Gesundheitsrisiko."
Kommentar in WZ vom 18.08.2007

„Chancenlos in die falsche Familie geboren, nach schlechter Bildung arbeitslos und auf Hilfe des Staates angewiesen, bald schon unnötig erkrankt, dann arm und früh gestorben – das klingt wie ein schlechtes Drehbuch. Es ist aber zunehmend die Wirklichkeit für all jene Menschen, die ohne jedes Privileg in Deutschland geboren werden."
Lauterbach, S. 175 f.

Armut macht krank

Die Nationale Armutskonferenz (NAK) hat schon früh auf eine deutliche Zunahme von Erkrankungen bei den sozial Schwachen hingewiesen. Nach der Expertise „Armut und Gesundheit" hat die Gesundheitsreform dazu geführt, dass immer mehr Krankheiten verschleppt und damit irgendwann chronisch würden. So sei beispielsweise die Zahl der Impfungen gegen Masern 2004 im Vergleich zu 2003 um 30 Prozent gesunken (FR vom 01.03.2005).

Auch der aktuelle Sozialbericht NRW verweist auf den engen Zusammenhang von Armut und schlechtem Gesundheitszustand. Armut bei Kindern führe oft zu einem *„ungünstigen Gesundheitsverhalten, psychosozialen Belastungen und Defiziten in der sozialen Kompetenz"* (Sozialbericht, S. 273).

Was Armut schafft ...
- *„Kleine Menschen werden von billigem Fast Food zu kranken Erwachsenen."* FR vom 17.08.2007
- Kinder aus armen Familien haben im deutschen Schulsystem kaum Chancen.
- Die Lebenserwartung der Armen in Deutschland ist bis zu 10 Jahre geringer als die der Durchschnittsbevölkerung.

Berge von Schulden

Ist der Weg an die Armutsgrenze vollzogen, droht vielen die Schuldenfalle. *„Das Risiko der Überschuldung ist mehr denn je zum konkreten Risiko für breite Bevölkerungsschichten geworden"* – zu diesem alarmierenden Fazit kamen Caritas, Diakonie, DRK und der Bundesverband der Verbraucherzentralen bei der Vorstellung des letzten Schuldenreports. Einige Ergebnisse aus dieser Untersuchung:

- Immer mehr Bundesbürgern wachsen die Verbindlichkeiten über den Kopf. Nach der letzten Erhebung im Jahr 2002 (*Schuldenreport 2006*) können 3,13 Millionen Privathaushalte (8,1 Prozent aller Haushalte) ihre Rechnungen und Zahlungsverpflichtungen nicht mehr aus ihrem Einkommen oder Vermögen begleichen.
- Seit Veröffentlichung des ersten Schuldenreports 1993 hat sich diese Zahl nahezu verdreifacht.
- Nur einem Bruchteil der überschuldeten Haushalte gelingt es, sich von der Schuldenlast zu befreien.
- Zusätzlich gilt mehr als eine halbe Million Haushalte als akut überschuldungsgefährdet.

Verschuldete Haushalte in Deutschland

Schuldenreport (Jahr der Erhebung)	Verschuldete Haushalte
1993	1,2 Millionen
1995	1,5 Millionen
1999	2,7 Millionen
2006	3,1 Millionen

Quelle: Schuldenreporte des Bundesverbandes der Verbraucherzentralen und Wohlfahrtsverbände

Als Hauptursachen dieser Privatinsolvenzen werden vor allem Verlust des Arbeitsplatzes, Niedrigeinkommen, Trennung vom Partner und gescheiterte Selbstständigkeit genannt. Hauptrisikogruppen sind junge Menschen, Alleinstehende und Alleinerziehende.

> *„Was mach ich bloß, wenn am Ende des Geldes noch so viel Monat übrig ist?"*
> Aus: Achten, S. 194

Im europäischen Vergleich schneidet Deutschland schlecht ab. In Frankreich, den Niederlanden und Schweden sind deutlich weniger private Haushalte überschuldet. Selbst in Großbritannien, wo Konsumenten- und Immobilienkredite stark verbreitet sind, ist der Schuldneranteil geringer als bei uns. Die Ergebnisse des Schuldenreports sind ein Armutszeugnis für das reiche Deutschland.

Deutlich höher ist der Anteil in den USA (12,5 Prozent). Ein besonderes Problem ist hier die kommerzielle Schuldenregulierung. Überschuldete US-Bürger werden oft von Beratern noch einmal abgezockt. Kreditberatung ist in den USA ein großes und nicht selten auch ein schmutziges Geschäft. Verbraucherschützer in Deutschland warnen deshalb vor kommerziellen Schuldenregulierern, die lediglich alle ausstehenden Kredite zu einem neuen, großen Kredit zusammenfassen.

> *„Arm zu sein unter Armen, das kann man ja ertragen, aber arm zu sein unter protzhaftem Reichtum, das schmerzt und verbittert."*
> Aus einem Brief einer Münchnerin an den Münchner OB; zitiert nach: Vorwärts 2/2007, S. 18

Der „neue" Reichtum

Während immer mehr Menschen in die Schuldenfalle tappen, gibt es auf der anderen Seite der Gesellschaft eine kleine vermögende Schicht, deren Reichtum von Jahr zu Jahr überproportional anwächst. Der Herausgeber der Zeitschrift Forbes konnte anlässlich der Veröffentlichung der neuesten Liste der Superreichen feststellen: *„Es ist das reichste Jahr in der Geschichte der Menschheit. Noch nie hat es einen solchen Anstieg gegeben."*

> **Das Leben der Anderen**
> - Die reichsten zehn Prozent der Weltbevölkerung besitzen 85 Prozent des Gesamtvermögens. Die reichsten zwei Prozent besitzen 51 Prozent (Spiegel Nr. 23/2007, S. 53).
> - Weltweit stieg im Jahr 2006 die Zahl der $-Millionäre um 8,3 Prozent auf 9,5 Millionen Menschen.
> - Noch stärker wuchs mit 11,3 Prozent die Zahl der Superreichen mit einem liquiden Vermögen von mehr als 30 Millionen $ auf insgesamt 94.700 Personen (HB vom 28.06.2007).
> - Weltweit gibt es nach *Forbes* 946 $-Milliardäre. Diese besitzen zusammen 3,5 Billionen US-Dollar. Gegenüber dem Vorjahr bedeutet dies ein Plus von 35 Prozent.
> - Die meisten Milliardäre gibt es in den USA (415), Deutschland (55), Russland (53), Indien (36) und Großbritannien (29).
> - Die Zahl der Millionäre ist in Deutschland im letzten Jahr um 31.000 auf insgesamt 798.000 gestiegen.

Je größer das Vermögen, umso schneller kann es sich vermehren. Das hängt u.a. damit zusammen, dass die Vermögenden über Markttrends und Anlageformen besser informiert sind als die Allgemeinheit und in der Lage sind, ihre jeweiligen Portfolios schneller auszurichten.

In einer aktuellen Studie wurden die Anlagearten der Vermögen von Millionären weltweit einmal genauer analysiert. Dabei kam heraus, dass 31 Prozent dieses Geldvermögens in Aktien, 24 Prozent in Immobilien, 21 Prozent in Fonds, 10 Prozent in alternative Investments und 14 Prozent in Bankkonten angelegt werden (FTD vom 27.06.2007). Ein Großteil der riesigen Vermögen fließt also in Anlagen, die den „Turbo" beschleunigen. Die Reichen schicken ihr Geld mit Hilfe der Fonds rund um die Erde auf die Suche nach der profitabelsten Verwertung.

> *„Der Reichtum gleicht dem Seewasser – je mehr man davon trinkt, desto durstiger wird man."*
> Arthur Schopenhauer

Im Durchschnitt sind wir alle reich

Deutschland ist ein reiches Land. Das private Geldvermögen wuchs nach Angaben der Deutschen Bundesbank zwischen 1991 und 2006 von 2,02 Billionen Euro auf 4,53 Billionen Euro, hat sich also mehr als verdoppelt. Unter Geldvermögen wird verstanden: Bargeld, Spareinlagen, Termingeld, Wertpapiere, Investmentzertifikate, Aktien, Bauspareinlagen, Anlagen bei Versicherungen.

Nach Berechnungen der Deutschen Bundesbank verfügte jeder Haushalt durchschnittlich über ein Vermögen von 108.500 Euro. Zu schön, um wahr zu sein, denn danach sind wir im Durchschnitt alle ziemlich reich.

> *„Ich stehe Statistiken etwas skeptisch gegenüber. Denn laut Statistik haben ein Millionär und ein armer Kerl jeder eine halbe Million."*
>
> Franklin Delano Roosevelt

Dieser Reichtum ist jedoch sehr ungleich verteilt. Die Bundesbank hat nämlich auch errechnet, dass dem Reichtum gleichzeitig Schulden von durchschnittlich 40.000 Euro je Haushalt gegenüberstehen. Durchschnittsrechnungen führen hier also nicht weiter!

Tatsache ist:
- Die unteren 50 Prozent der Haushalte verfügen über weniger als vier Prozent des privaten Geldvermögens.
- Das obere Zehntel hat rd. 47 Prozent des privaten Geldvermögens in den Händen.
- Das ärmste Zehntel hat überhaupt kein Vermögen, sondern ist in erheblichem Maße verschuldet.

Der Shareholder-Kapitalismus beschleunigt die Ungleichheit von Einkommen, Vermögen und Lebenschancen. Wenige haben sehr viel, viele haben wenig, und manche haben außer Schulden überhaupt nichts. Die einen sitzen in einem Expressfahrstuhl – während die anderen immer weiter in den Keller rutschen.

Hat sich Deutschland schon damit abgefunden, dass parallel zum stetig wachsenden Reichtum die Zahl der Armen progressiv zunimmt?

Der Staat gibt's den Reichen

Wie wir im Einzelnen zeigen konnten, hat sich die Primärverteilung in den letzten Jahren weiter zu Ungunsten des Faktors Arbeit verändert. Das Kapital konnte einen gigantischen Umverteilungsprozess in Gang setzen. Dies schwächt die wirtschaftliche Entwicklung, die Beschäftigung und den Lebensstandard der Menschen. Der Staat hat aber diese Fehlentwicklung nicht korrigiert, sondern durch steuerliche Umverteilung sogar noch verstärkt ...

Unternehmenssteuerreform: Geschenke für die Konzerne

Ende Mai 2007 hat der Deutsche Bundestag die Unternehmenssteuerreform beschlossen, ab 2008 werden damit die Unternehmen kräftig entlastet. Kern der Reform ist die Senkung der „Steuerlast" für Kapitalgesellschaften von derzeit rund 38 Prozent auf unter 30 Prozent. Die wichtigsten Beschlüsse im Überblick:

Steuersenkung: Ab dem Jahr 2008 sinkt die Körperschaftssteuer von derzeit 25 Prozent auf 15 Prozent. Die gesamte rechnerische Steuerlast (Körperschaftssteuer, Gewerbesteuer, Solidaritätszuschlag) für Kapitalgesellschaften wird dann von heute 38,65 Prozent auf 29,83 Prozent sinken.

Steuerausfälle: Nach den Berechnungen des Finanzministeriums betragen die Steuerausfälle in den ersten drei Jahren jeweils rund sechs Milliarden, danach sinken die Mindereinnahmen ein wenig. Insgesamt summieren sich die Steuerausfälle danach bis 2012 auf rund 30 Milliarden Euro. Im Gegenzug, so die Bundesregierung, würden aber auch zahlreiche Steuerschlupflöcher gestopft. Zu einem anderen Urteil kommt Prof. Jarass, der in der Anhörung des Finanzausschusses des Bundestages am 25.04.2007 die Steuerausfälle auf jährlich zehn Mrd. Euro bezifferte.

Abgeltungssteuer: Zinsen, Dividenden und Wertpapierverkaufsgewinne werden ab 2009 pauschal mit 25 Prozent versteuert, statt wie bisher mit dem persönlichen Einkommensteuersatz, es sei denn, dieser liegt unter 25 Prozent. Die Spekulationsfrist (Steuerfreiheit nach einem Jahr) entfällt.

Begründungsversuche

Als wesentliches Argument für die (nochmalige) Senkung der Körperschaftssteuer führt die Bundesregierung an, *„das deutsche Steuerrecht zu vereinfachen und international wettbewerbsfähig zu gestalten." „Damit werden wir die Steuerbasis in Deutschland sichern, Investitionsanreize setzen und so neue Arbeitsplätze schaffen"* (Auszüge aus dem Koalitionsvertrag). Mehr Investitionen und mehr Arbeitsplätze – das wurde auch schon von der Vorgängerregierung im Zusammenhang mit der Steuerreform 2001 behauptet bzw. erhofft. Das Ergebnis ist bekannt. Investitionen und Beschäftigung sind damals zurückgegangen. Gleichzeitig entstanden durch die Reform der Körperschaftssteuer Steuerausfälle von insgesamt mehr als 60 Milliarden Euro (vgl. ver.di, Steuergerechtigkeit).

Kritisch ist vor allem die Behauptung zu hinterfragen, dass die Steuersätze in Deutschland zu hoch seien. Tatsache ist, dass trotz relativ hoher Steuersätze hierzulande die tatsächliche Steuerlast auf Unternehmens- und Kapitaleinkommen gering ist. Das DIW hat in einer Untersuchung nachgewiesen, dass trotz hoher Steuersätze die Einnahmen aus der Unternehmensbesteuerung nur *„mäßig"* sind (vgl. DIW-Wochenbericht 5/2007).

Die Forscher machen dafür die erheblichen Steuervergünstigungen und *"Gestaltungsmöglichkeiten"* verantwortlich. Es gibt jede Menge Steuerschlupflöcher. Erhebliche Teile des Gewinns werden herausgerechnet und folglich gar nicht versteuert. Deshalb ist der tatsächliche Steuersatz der Körperschaftssteuer deutlich niedriger als der rechnerische! Nach Berechnungen des DGB beträgt die tatsächliche Steuerbelastung der Kapitalgesellschaften derzeit gerade einmal 15 Prozent.

Seit Jahren fahren die Kapitalgesellschaften Riesengewinne ein, allein im Jahr 2006 schütteten sie 35,3 Milliarden Euro Dividende an ihre Aktionäre aus, so viel wie noch nie. Die Wettbewerbsfähigkeit der deutschen Wirtschaft ist so gut wie nie zuvor. Deshalb ist es nur schwer nachzuvollziehen, warum gleichzeitig die Steuern der Kapitalgesellschaften gesenkt wurden ...

Umverteilung durch Mehrwertsteuererhöhung

Die es am wenigsten nötig haben, bekommen Steuern erlassen, während gleichzeitig die Mehrwertsteuer drastisch erhöht worden ist. Ab dem 1.1.2007 wurde der Mehrwertsteuersatz von 16 auf 19 Prozent erhöht. Der ermäßigte Satz, der u. a. für Lebensmittel und Bücher gilt, bleibt bei 7 Prozent. Eine wesentliche Frage bei jeder Steuer bzw. Steuererhöhung ist deren Verteilungswirkung. Eine hohe bzw. höhere Besteuerung des Verbrauchs ist immer kritisch zu sehen, denn wer wenig verdient, konsumiert sein Einkommen überwiegend oder ganz. Bei steigendem Einkommen sinkt der Anteil des Konsums und damit auch die anteilige Steuerlast. Im Gegensatz zur Einkommensteuer, die progressiv wirkt (mit steigendem Einkommen steigt die Steuerlast), wirkt die Mehrwertsteuer also regressiv. Niedrigeinkommen werden anteilig mehr belastet als große Einkommen. Eine Mehrwertsteuererhöhung trifft also immer diejenigen mit kleinen Einkommen und vor allem diejenigen, die ihr gesamtes Einkommen konsumieren müssen. Dieser Effekt wird durch den ermäßigten Satz zwar etwas gedämpft, die negative Verteilungswirkung aber bleibt.

Staatliche Umverteilung

Während den Bürgern über die Mehrwertsteuererhöhung, die Kürzung der Pendlerpauschale und steigende Beiträge zur Kranken- und Rentenversicherung zusätzliche Lasten aufgebürdet werden, bekommen die hochprofitablen Konzerne Geld nachgeworfen. Milliardengeschenke, die auf der anderen Seite für dringend notwendige Leistungen des Staates fehlen. Als *"skandalös"* bewerten Kritiker die 25-prozentige Abgeltungssteuer, da dies nichts anderes sei als eine Entlastung der oberen Einkommensschichten. Je reicher jemand ist, desto mehr profitiert er von dieser Regelung.

Während man angesichts der wachsenden Verteilungskluft eigentlich davon ausgehen durfte, dass der Staat dies durch entsprechende Maßnahmen korrigiert, fördert er die soziale Schieflage noch zusätzlich!

„Zweiklassenstaat"

Deutschland ist ein reiches Land, das sich immer mehr Arme leistet. Maßloser Reichtum und beklemmende Armut sind zwei Seiten derselben Medaille. Unsere Gesellschaft fördert Millionäre und produziert viele arme Schlucker.

„Reicher Mann und Armer Mann standen da und sah'n sich an. Und der arme sagte bleich, wär' ich nicht arm, wärst du nicht reich."
Bertolt Brecht

„Nach wie vor ist ökonomische Ungleichheit, wie zur Zeit von Karl Marx, das zentrale Problem der Menschheit. Ökonomische Ungleichheit verursacht Not und Elend."
Prof. G. Wagner, DIW

„Wenn die Kluft zwischen denen, die die Arbeit anschaffen, und denen, die sie schaffen müssen, immer größer wird, untergräbt das die Moral und erstickt jegliche Motivation."
Kommentar im Weser Kurier vom 23.09.2006

„Deutschland ist ein Zweiklassenstaat. Er bekämpft die gesellschaftlichen Ungleichheiten nicht – sondern stärkt die Privilegierten sogar noch zusätzlich."
Karl Lauterbach, in: taz vom 26.06.2007

„Ach es sind die feinsten Leute – wenn man sie nicht gerade stört. Bei dem Kampf um die Beute, welche ihnen nicht gehört."
Bertolt Brecht

„Warum ist es angesichts dieser tiefen Einschnitte bislang relativ ruhig? Wo bleibt der kollektive Aufschrei, Aufstand? Ein Grund ist die Individualisierung. Jeder denkt, er schafft es."
Prof. U. Beck, Soziologe

Zwei Seiten einer Medaille?
- Das reichste Jahr in der Geschichte der Menschheit. Noch nie hat es einen solchen Anstieg gegeben (Forbes).
- Rund 1,4 Milliarden Erwerbstätige müssen mit einem Einkommen von weniger als zwei Dollar pro Tag auskommen. 550 Millionen von ihnen verdienen weniger als einen Dollar täglich (DGB).

Ökonomische Folgen der Verteilung

Ungleichheit in diesem Ausmaß hat vielfältige gesellschaftliche Auswirkungen. Die wachsende Verteilungsschieflage weist vor allem aber auch erhebliche ökonomische Dimensionen auf. Das zeigt u.a. das Verhalten der Verbraucher im aktuellen Aufschwung. Trotz steigender Beschäftigung und höherer Lohnzuwächse in diesem Jahr hält sich die Bevölkerung beim Konsum zurück. Wie erklärt sich das?

Die Sparquote der Privathaushalte, also der Anteil der Einkommen, der nicht konsumiert wird, war nach 1991 zunächst kontinuierlich gefallen, von 12,9 Prozent auf 9,2 Prozent im Jahr 2000. In der Zwischenzeit ist diese Sparquote aber wieder deutlich angestiegen, auf zuletzt 10,5 Prozent in 2006. Für das Ansteigen der Sparquote sind sowohl subjektive als auch objektive Einflussfaktoren verantwortlich. Gründe dafür, dass viele Haushalte derzeit wieder mehr sparen, sind insbesondere finanzielle Risiken (z.B. sinkende Renten) und Zukunftssorgen (z.B. Arbeitslosigkeit).

Die individuelle Sparquote der Menschen hängt vom jeweiligen Einkommen ab. Je höher das Einkommen, desto größer ist die jeweilige Sparquote – und umgekehrt. So spart z.B. ein Haushalt mit über 5.000 Euro Einkommen mehr als 21 Prozent. Unterhalb eines Einkommens von 1.300 Euro hingegen ist gar nicht an Sparen zu denken. Hier ist die Sparquote eher negativ, d.h., es muss „entspart" werden (Verschuldung).

Sparquote nach Einkommen in Prozent

Einkommen*	Sparquote
5.000–18.000	21,8
3.600–5.000	14,1
2.600–3.600	9,6
2.000–2.600	5,2
1.500–2.000	2,8
1.300–1.500	1,2
900–1.300	- 0,5
Unter 900 Euro	- 12,8

* monatliches Haushalts-Netto-Einkommen
Quelle: Statistisches Bundesamt

Die Entwicklung der durchschnittlichen Sparquote ist also immer auch ein Spiegelbild der Einkommensverteilung. Die zunehmende Verteilungsschieflage in Deutschland schlägt sich in einer steigenden Sparquote nieder und schwächt somit eine kaufkräftige Nachfrage. Diesen Zusammenhang hat im Übrigen schon vor vielen Jahren der Ökonom J. M. Keynes nachgewiesen, der von einer sinkenden *„Konsumneigung"* bei wachsenden Einkommen sprach.

Die deutsche Wachstumsschwäche ist im Kern auch ein Verteilungsproblem, denn je ungleicher die Einkommens- und Vermögensverteilung ist, desto ungünstiger ist dies für den Konsum.

> **Krupp oder Krause**
> Gesamtwirtschaftlich betrachtet ist es von entscheidender Bedeutung, wie sich die Einkommen zwischen Kapital und Arbeit, zwischen „Krupp und Krause", verteilen:
> - Es macht einen großen Unterschied, ob Frau Klatten 2,5 Milliarden Euro Dividende erhält oder ob ein solcher Betrag in Form von Löhnen und Gehältern in den Wirtschaftskreislauf gerät.
> - Es macht volkswirtschaftlich einen großen Unterschied, ob 525 Millionen Euro an die DAX-Vorstände verteilt werden, oder ob ein wesentlicher Teil davon als Löhne und Gehälter an die Beschäftigten dieser Unternehmen ausgezahlt wird.
>
> Es macht aber auch einen großen Unterschied, wie die Verteilung „innerhalb der Klasse" ist. Eine überdurchschnittliche Anhebung in den unteren Tarifgruppen und/oder die Einführung eines flächendeckenden gesetzlichen Mindestlohns hätten unmittelbar nachfragestärkende und -stabilisierende Wirkung, da die Einkommensklassen mit den niedrigsten Sparquoten (und der größten „Konsumneigung") profitieren würden.

Die gesellschaftlichen Folgen der Verteilungskluft

Wie wir im Einzelnen gezeigt haben, sind die Einkommen und Vermögen in Deutschland sehr ungleich verteilt. Das gilt zum einen für die Verteilung zwischen Kapital und Arbeit, das gilt aber auch für die Verteilung „innerhalb der Klasse".

Soziale Schichten
Die soziale Ungleichheit in der Gesellschaft wird in der Wissenschaft bisweilen als soziale Schichtung dargestellt. Personen mit gemeinsamen sozialstrukturellen Merkmalen bilden danach eine Schicht. Auf diese Weise kann dann die Sozialstruktur der ganzen Gesellschaft abgebildet werden. Man geht davon aus, dass die verschiedenen Schichten hierarchisch aufeinander aufbauen und sich innerhalb einer Schicht viele gleiche Akteure befinden, die sich von ihrer sozialen Stellung her nicht unterscheiden. Oftmals wird dies dann als Zwiebel oder Haus dargestellt.

> **Soziale Klassen**
> Im Gegensatz zur Theorie der sozialen Schichtung steht das Modell der sozialen Klassen. Nach Karl Marx (1818-1883) definiert sich eine soziale Klasse über die Stellung ihrer Angehörigen im Produktionsprozess („Lohnarbeit" und „Kapital"). (Zum Thema Klassen- und Schichtentheorie im Zusammenhang zum Einkommen vgl. Hierschel, Einkommen, S. 107 ff.)

In der Schichtungssoziologie gibt es die verschiedensten Ordnungsmerkmale, nach denen soziale Schichten gebildet werden können. Beispiele für diese Ordnungsmerkmale sind Beruf, Bildungsstand, politische Meinung, Einkommen, Macht usw. Grundsätzlich ist dabei zu unterscheiden zwischen objektiven und subjektiven Schichtungskriterien.

Das Statistische Bundesamt hat 2006 das monatliche Nettoeinkommen der deutschen Haushalte erhoben und aus diesen Ergebnissen verschiedene Schichten abgebildet:

Schichten der Gesellschaft nach Einkommen – nach dem monatlichen Haushaltsnettoeinkommen in % der Bevölkerung

Schicht	In Prozent
Höherer Wohlstand (über 200 Prozent)	4,2
Relativer Wohlstand (150 bis 200 Prozent)	8,4
Gehobene Einkommenslage (125 bis 150 Prozent)	10,1
Mittlere bis gehobene Einkommenslage (100 bis 125 Prozent)	16,7
Untere bis mittlere Einkommenslage (75 bis 100 Prozent)	26,3
Prekärer Wohlstand (50 bis 75 Prozent)	23,8
Relative Armut	10,6

Quelle: Statistisches Bundesamt 2006

Die Aufstellung zeigt, dass mehr als 60 Prozent der deutschen Bevölkerung unterhalb des Durchschnitts (100 Prozent) rangieren. Mehr als zehn Prozent müssen mit weniger als der Hälfte des Durchschnittseinkommens auskommen. Die Aufstellung zeigt auch, wie sich die Schichten nach oben hin immer mehr „verjüngen". Parallel zu der einkommensmäßigen Differenzierung gibt es weitere *„Abstufungen in der Sicherheit und Qualität von Arbeitsverhältnissen sowie Abstufungen in der Ausstattung mit sozialen Rechten"* (Kronauer, S. 369).

Für den Zusammenhalt in einer Gesellschaft ist es wichtig, wie groß der Abstand zwischen den Polen ist und wie durchlässig die Schichten sind, d.h. inwiefern der Aufstieg von einer Schicht in die nächsthöhere möglich ist. Die obige Einkommensschichtung

stellt eine Momentaufnahme dar. Wie wir aber im Einzelnen gezeigt haben, gibt es an beiden Enden eine erhebliche Dynamik:
- Die Reichen und Superreichen erzielten in den letzten Jahren als einzige Gruppe nennenswerte Zuwächse bei Einkommen und Vermögen. Diese Entwicklung setzt sich fort – nie zuvor waren die Zuwächse in der Spitze so groß wie heute.
- Armut erweist sich hingegen für die meisten als Falle – war jemand einmal arm, ist es unendlich schwer, aus dieser Malaise wieder herauszukommen. Zudem steigt die Zahl der Armen in Deutschland weiter an.

Während früher für viele Menschen der Aufstieg von einer Schicht in die nächsthöhere möglich war, driften heute die beiden Enden immer weiter auseinander. In den Mittelschichten gibt es zwar Bewegung, aber auch sehr viel Angst.

Die Unterschichten-Debatte

2006 erregte eine Studie der Friedrich-Ebert-Stiftung (FES) für einige Zeit große Aufmerksamkeit. Ursprünglich ging es dabei darum, die potenzielle Wählerschaft der SPD aufzuteilen und darzustellen, wo und wie die SPD ihre Anhänger finden könnte. Das Ergebnis war allerdings ein anderes. *„Eine zutiefst verunsicherte SPD bekam das Bild einer zutiefst verunsicherten bundesdeutschen Gesellschaft zurückgespiegelt"* (Kronauer, S. 365).

Die Sozialforscher hatten aufgrund einer Befragung von über 3.000 wahlberechtigten Deutschen insgesamt neun „politische Typen" gebildet. Acht Prozent werden dabei als „abgehängtes Prekariat" bezeichnet, bei dem das Verlierergefühl am stärksten ist. Dieses Ergebnis war Anlass für die Debatte um sogenannte Unterschichten.

„Politische Typen"

Gesellschaftliche Struktur in Deutschland	In Prozent aller Befragten
Leistungsindividualisten	11
Etablierte Leistungsträger	15
Kritische Bildungseliten	9
Engagiertes Bürgertum	10
Zufriedene Aufsteiger	13
Bedrohte Arbeitnehmermitte	16
Selbstgenügsame Traditionalisten	11
Autoritätsorientierte Geringqualifizierte	7
Abgehängtes Prekariat	8

Quelle: FES

Die Studie kommt zu dem Ergebnis, dass sich Deutschland als eine Drei-Drittel-Gesellschaft darstellen lässt. Die Menschen im oberen Drittel haben gesicherte Chancen und Lebensperspektiven. In der Mitte der Gesellschaft macht sich Verunsicherung breit. Im unteren Drittel wächst die Unzufriedenheit mit den politischen Realitäten und der Politik, das Risiko der sozialen und politischen Abkoppelung wird größer. 61 Prozent gaben an, es gäbe keine Mitte mehr, sondern nur noch Oben und Unten.

Die Gefahr, ausgegrenzt und „abgehängt" zu werden, geht mitten durch die Erwerbsbevölkerung. Neben der Gruppe noch relativ „geschützter" Arbeitnehmer/-innen (gut verdienende Beschäftigte in einem Normalarbeitsverhältnis) gibt es eine wachsende Gruppe „gefährdeter" Beschäftigter (Niedriglöhne, Teilzeitarbeit, Minijobs, Ein-Euro-Jobs, befristete Beschäftigung, neue Selbstständigkeit u.Ä.). Die meisten Langzeitarbeitslosen sind bereits „ausgegrenzt".

Die verunsicherte Mitte

Das System der sozialen Marktwirtschaft war bei Weitem kein Paradies auf Erden, denn auch dort war schließlich der Widerspruch zwischen Kapital und Arbeit nicht aufgehoben. Aber sozialer Ausgleich und soziale Verantwortung waren als gesellschaftlich relevante Werte anerkannt und wurden von vielen Unternehmern und Managern auch als Richtschnur für ihr Handeln weitgehend akzeptiert. Darüber hinaus konnte die Mehrheit der Bevölkerung von der allgemeinen wirtschaftlichen Entwicklung profitieren. Dieser „Klassenkonsens" ist von der Kapitalseite aufgekündigt worden. Das bekommen die Beschäftigten immer mehr zu spüren.

Neu ist, dass auch in der Mittelschicht Unsicherheit herrscht und Angst umgeht. In einer anderen Untersuchung zum gleichen Thema kommt Prof. Dörre zu einem ähnlichen Ergebnis. Die mit Abstand größte Gruppe ist die *„Zone der Integration"*, in der sich vier Fünftel aller Befragten befinden. Allerdings wird die Hälfte dieser Beschäftigten, die sich formal noch in einer „Normbeschäftigung" befinden, von massiven Abstiegsängsten bedroht (vgl. Dörre, S. 47 f.).

Die Verunsicherung der Mittelschichten ist ein ernstzunehmendes Problem, welches auch die Politik nicht ignorieren kann. *„In den Vorgärten der Wohlstandsregionen"* bangt eine breite Schicht *„um Arbeitsplätze, Häuschen und Rente." „Es ist der Ingenieur in Sindelfingen, der auf Hartz-IV-Niveau fällt, wenn er arbeitslos wird oder der Koch in Berlin, der von seinem Beruf nicht auskömmlich leben kann"* (Sievers, Angst). Wenn sich diese Mittelschicht abwendet, ist die Demokratie in ihrem Kern bedroht ...

Wachsende Unzufriedenheit

Viele Menschen in Deutschland sind unzufrieden mit den aktuellen Entwicklungen in ihrem Land. Dies kommt in mehreren aktuellen Umfragen deutlich zum Ausdruck. In einer Befragung von Infratest/dimap erklärten 68 Prozent der Deutschen, dass sie persönlich nicht vom Wirtschaftsaufschwung profitieren würden. Vor allem Familien mit niedrigem Einkommen fühlen sich vom Aufschwung abgeschnitten. Aber auch bei den besserverdienenden Haushalten ist nur eine Minderheit der Auffassung, dass sie persönlich profitieren.

Frage: *„Die Wirtschaft in Deutschland wächst derzeit deutlich. Profitieren Sie persönlich von diesem Wachstum?"*

Haushalte mit einem Nettoeinkommen von ...	„Ja"	„Nein"
Alle Haushalte	30 %	68 %
Unter 1.500 Euro	16 %	82 %
1.500–3.000 Euro	29 %	69 %
Über 3.000 Euro	46 %	53 %

Quelle: Infratest dimap (Kölner Stadtanzeiger vom 06.07.2007)

Der Emnid-Chef, Peter Schöppner, stellte Mitte 2007 zu den aktuellen Befragungsergebnissen einer Studie seines Hauses kritisch fest: *„Bis 2004 hatten die Menschen das Empfinden ‚Wenn es der Wirtschaft gut geht, geht es auch mir gut'. Das klafft heute auseinander. Bei vielen Leuten gibt es das Gefühl, dass die Politik nichts tut gegen die Entsolidarisierung zwischen Wirtschaft und Bürgern"* (RP vom 02.07.2007).

Der Ruf nach sozialer Gerechtigkeit

Es gibt eine tiefe Sehnsucht nach sozialer Gerechtigkeit. Dies hat schon die FES-Studie zutage gefördert: Hinsichtlich der Werte, die für die Deutschen zentrale Bedeutung haben, rangiert die soziale Gerechtigkeit an erster Stelle. Insgesamt 83 Prozent halten dies für „sehr wichtig" (56 Prozent) bzw. „wichtig" (27 Prozent).

Was aber versteht man überhaupt darunter? Es gibt keine allgemeingültige Definition von sozialer Gerechtigkeit. Während es für die einen ein Schlüsselbegriff und Voraussetzung einer demokratischen Gesellschaft ist, wird es von anderen als Hemmnis der wirtschaftlichen Entwicklung dargestellt. Es gibt aber auch intensive Versuche, den Begriff inhaltlich umzudeuten und für seine jeweiligen Zwecke zu nutzen.

Verteilungsgerechtigkeit

Im sozial-humanistischen Verständnis ist soziale Gerechtigkeit untrennbar mit der Verteilungsgerechtigkeit verbunden. Von Gerechtigkeit kann nur im Sinne einer Ergebnis- oder Verteilungsgerechtigkeit gesprochen werden. Die Vertreter dieser Position – u.a. die Gewerkschaften – gehen davon aus, dass die Primärverteilung wirtschaftlicher

Güter und sozialer Chancen in unserer Gesellschaftsordnung nicht gerecht ist. Deshalb muss die Politik durch Umverteilung, z.B. mittels Steuern und Transferzahlungen (Rente, Sozialleistungen) für Verteilungsgerechtigkeit sorgen. Der Staat nimmt dabei denjenigen mit höherem Einkommen/Vermögen etwas, um Menschen mit geringen Einkommen/Vermögen etwas zu geben (staatliche Umverteilung).

Chancengerechtigkeit
Nach der neoliberalen Position funktionieren Wirtschaft und Gesellschaft am besten, wenn sich die Marktkräfte ungezügelt entfalten können. Der Staat soll sich möglichst „raushalten". Unterschiede in der Einkommens- und Vermögensverteilung werden nicht kritisiert. Im Gegenteil. Nach neoliberaler Vorstellung ist Ungleichheit ja sogar ein entscheidender Motor für den wirtschaftlichen Fortschritt. Soziale Gerechtigkeit beschränkt sich darauf, den Menschen gleiche Chancen und Möglichkeiten zu verschaffen. Den „Rest" regelt der Markt.

Soziale Gerechtigkeit und „große Politik"
Das Thema „soziale Gerechtigkeit" spielt in der Bevölkerung eine große Rolle. Daran kommt auch die Politik nicht vorbei. Deshalb versuchen mittlerweile alle Parteien, den Begriff so zu deuten bzw. umzudeuten, dass ihre Politik als sozial gerecht dargestellt bzw. „verkauft" werden kann.

Die CDU z.B. behauptet, das Verständnis von Verteilungsgerechtigkeit sei überholt. Heute ginge es um ganz andere Aspekte der Gerechtigkeit. Unter der Überschrift *„Neue Gerechtigkeit durch mehr Freiheit"* werden die Begriffe Chancengerechtigkeit, Leistungsgerechtigkeit, Familiengerechtigkeit und Generationengerechtigkeit herausgestellt. Verteilungsgerechtigkeit sei *„veraltet"*, Leistungsgerechtigkeit *„modern"*, so lautet die Botschaft. Die wachsende Schieflage der Verteilung wird als gegeben akzeptiert, daran soll nicht gerüttelt werden. Dafür darf das Publikum aber lang und breit über Chancen-, Leistungs-, Familien- und Generationengerechtigkeit debattieren ...

Maßgebliche politische Kräfte versuchen, den Begriff der sozialen Gerechtigkeit zu verwässern und teilweise ins Gegenteil zu verkehren. Damit soll die Forderung nach Umverteilung als „unmodern" abqualifiziert werden. Dagegen bleibt für uns festzuhalten: Es gibt keine Chancengerechtigkeit ohne Verteilungsgerechtigkeit!

Der „emotionale Glutkern"
Das Thema soziale Gerechtigkeit hat in der Bevölkerung einen außerordentlich hohen Stellenwert. Dies ist offenbar lange Zeit von der Politik unterschätzt worden. Das Institut für Demoskopie in Allensbach hat die Fragen, ob wir eine soziale Marktwirtschaft haben oder ob sie nicht wirklich sozial sei, über einen längeren Zeitraum verfolgt, nämlich von 1999 bis 2006. Ähnlich wie bei der funktionellen Verteilung zwischen Kapital

und Arbeit streben auch hier die Kurven immer weiter auseinander. Während 1999 noch eine Mehrheit der Meinung war, dass wir (noch) eine soziale Marktwirtschaft hätten, ist dies mittlerweile nur noch ein Viertel. Fast zwei Drittel meinen heute, dass es in Deutschland nicht sozial zugeht.

Wachsende Zweifel am Sozialen

Erhebungszeitpunkt	1999	2006
„Haben wir bei uns eine soziale Marktwirtschaft?"	46 %	24 %
„Ist nicht wirklich sozial"	39 %	62 %

Quelle: Allensbach, zitiert nach: FAS vom 12.08.2007 (Differenz zu 100 Prozent: unentschieden oder keine Angaben)

Für Aufsehen sorgte auch eine Befragung, die Anfang August 2007 im Auftrag der Zeitschrift Die Zeit durchgeführt wurde. Auf die Frage, *„Tut die Regierung Ihrer Meinung nach zu viel für soziale Gerechtigkeit, etwa so, wie Sie sich das vorstellen, oder zu wenig?"*, antworteten 72 Prozent, die Regierung tue zu wenig.

Einsatz der Bundesregierung für soziale Gerechtigkeit

	Gesamt	West	Ost
Zu viel	5 %	5 %	3 %
Etwa so, wie Sie sich das vorstellen	16 %	17 %	9 %
Zu wenig	72 %	70 %	81 %
Weiß nicht/keine Angabe	7 %	7 %	7 %

Quelle: Die Zeit vom 09.08.2007, Tabelle 1

Die Umfrage, so die Zeitung, *„hat einen emotionalen Glutkern: das Gefühl der Ungerechtigkeit. Das ist nicht mit Neid und Gleichmacherei zu verwechseln"* (Die Zeit vom 09.08.2007).

Kritische Fragen und Anmerkungen

„Wenn sich die wirtschaftliche Elite, die Anteilseigner und das Management tatsächlich nur dem kurzfristigen Return on Investment und dem eigenen Einkommen verpflichtet fühlen, dann werden unsere demokratischen Gesellschaften extrem instabil."
John Monks, Generalsekretär des Europäischen Gewerkschaftsbundes, in: Mitbestimmung 5/2007, S. 51

„Ein System, in dem der Börsenwert eines Unternehmens umso höher steigt, je mehr Leute wegrationalisiert werden, kann nicht richtig sein. Ein solches System ist unsittlich."
Heiner Geißler, in: WR vom 18.06.2007

„Wenn die Verantwortlichen der Wirtschaft nicht mehr das Gemeinwohl im Blick haben, sondern die Kapitalrendite, wird das System inakzeptabel."
Reinhard Marx, der katholische Bischof von Trier, in: RP vom 25.09.2006

„Die Kapitalrendite darf nicht einziger Maßstab für wirtschaftliches Handeln werden, sonst geht die gesellschaftliche Akzeptanz der Marktwirtschaft restlos verloren."
Kölner Stadtanzeiger vom 28.09.2006

„So macht sich ein bitteres Gefühl breit: dass Manager nur noch auf Aktienkurse und Renditen schauen – und nicht mehr auf das Land und die Menschen, die in ihm leben."
Die Zeit vom 23.08.2007

„Nicht von den Slums geht im 21. Jahrhundert die Unruhe aus, sondern von den Vorgärten in den Wohlstandsregionen."
Markus Sievers

Von der Verteilungskluft zur Spaltung der Gesellschaft

Deutschland befindet sich auf einem gefährlichen Pfad, weg von der Marktwirtschaft hin zu einem anonymen, kalten Wirtschaftssystem, in dem Menschen nur noch als Kostenfaktoren gelten. Diese Entwicklung ist brisant, denn von Ausgrenzung einzelner Gruppen bis hin zur Spaltung der Gesellschaft ist es nicht weit. Wenn Millionen von Menschen in Deutschland von Arbeit ausgeschlossen sind und viele, die Arbeit haben, trotzdem arm bleiben, während gleichzeitig eine kleine Schicht immer reicher und vermessener wird, dann ist es eine Frage der Zeit, bis es dieses Land auseinanderreißt.

Die fortschreitende Umverteilung des Volkseinkommens, weg von denen, die diesen Wohlstand schaffen und hin zu den Kapitaleignern, wird zunehmend zu einer Belastung für den sozialen Frieden. Eine Gesellschaft, in der die kurzfristige Rendite mehr zählt als Menschen, ist nicht lebenswert und auf Dauer auch nicht (über-)lebensfähig. Der amerikanische Nobelpreisträger J. K. Galbraith hat vor geraumer Zeit schon einmal in drastischen Worten gewarnt: *„Eine Gesellschaft, in deren Unternehmen eine Mentalität des Absahnens und Betrügens grassiert, ist moralisch und ökonomisch dem Niedergang geweiht."*

Je größer die Kluft zwischen Arm und Reich wird, je mehr Menschen ausgegrenzt werden, desto mehr bröckelt auch der „soziale Kitt". Ohne diesen Kitt geht der gesellschaftliche Zusammenhalt verloren. Ellenbogen statt Solidarität heißt die Perspektive in einer zunehmend rauer werdenden Gesellschaft.

Genauso, wie eine ausgeglichene Verteilung den gesellschaftlichen Zusammenhalt sichert, steigt mit der sozialen Ungleichheit die Gefahr und das Ausmaß sozialer Konflikte.

Wachsende Ungleichheiten gefährden den demokratischen Zusammenhalt. *„Nur wenn eine Gesellschaft als ein Zusammenhang aller ihrer Bürgerinnen und Bürger besteht, kann dieser Zusammenhang den Spielregeln der Demokratie unterstellt werden"* (IGM, Fair teilen, S. 135). Wachsende Armut und Verunsicherung schaffen ein raues Klima in der Gesellschaft. Zerrüttete Familien, wachsende Kriminalität und Ausländerfeindlichkeit sind die Begleiterscheinungen dieser Entwicklung (vgl. dazu Butterwegge, Folgen, S. 209 ff.). Politikverdrossenheit und sinkende Wahlbeteiligung sind erste, harmlose, Vorboten – Wut und Verzweiflung werden sich eines Tages andere Wege suchen, als alle paar Jahre einmal nicht zur Wahl zu gehen ...

Viertes Kapitel: Perspektiven

*„Warum bleibt es angesichts dieser tiefen Einschnitte
bislang relativ ruhig?
Wo bleibt der kollektive Aufschrei, Aufstand?
Ein Grund ist die Individualisierung. Jeder denkt, er schafft es."*
Prof. Ulrich Beck

Es geht auch anders – Alternativen sind machbar!

Zum Standardrepertoire der neoliberalen Meinungsmache(r) gehört es, der Bevölkerung einzureden, dass es zu dem (vor-)herrschenden Wirtschaftssystem keine Alternativen gibt. *„There is no alternative"* (TINA) – so heißt das neudeutsch. Lange Zeit hat dies funktioniert: Trotz wachsender Armut und realen Lohneinbußen blieb es ruhig im Land. Doch allmählich bewegt sich etwas, die Unzufriedenheit in der Bevölkerung nimmt zu. Das zeigen nicht nur die aktuellen Umfragen, das beweisen auch die vielen Demonstrationen und Streiks. Die Beschäftigten wollen einen größeren Anteil vom Kuchen, die Bürgerinnen und Bürger fordern mehr soziale Gerechtigkeit.

Die ökonomischen und gesellschaftlichen Fehlentwicklungen sind nicht gottgewollt oder naturgegeben, sie sind von Menschen gemacht:

- Der Einfluss der Finanzinvestoren ist deshalb so groß, weil die Politik den Heuschrecken den Weg geebnet hat und das Finanzkapital keiner wirksamen Kontrolle unterwirft.
- Die Verteilungsschieflage kommt nicht daher, dass einige fleißig sind und die anderen faul. Sie ist Folge einer ungerechten Vermögensverteilung, der über viele Jahre eher zurückhaltenden Tarifpolitik und einer verfehlten Steuer-, Sozial- und Arbeitsmarktpolitik.
- Sozial unverantwortliches Verhalten von Unternehmen ist die Folge einer von Finanzinvestoren und einseitig renditefixierten Managern getriebenen Wirtschaft – aber auch von mangelnden Einflussmöglichkeiten der Arbeitnehmervertretungen.

Veränderungen sind nötig – und möglich. Es gibt Alternativen: Was von Menschen gemacht wurde, kann auch von Menschen verändert werden!

Eine Schlüsselrolle kommt dabei der Politik zu. Sie hat sich immer mehr aus zentralen Feldern zurückgezogen, Deregulierung heißt ihr Leitmotiv. Dadurch wurde u.a. auch den aggressiven Fonds (Heuschrecken) das Feld überlassen. Die Politik trägt insofern einen Großteil der Verantwortung.

Vor zehn Jahren schon haben die beiden Spiegel-Redakteure Martin und Schumann in ihrem Buch „Die Globalisierungsfalle" in Anbetracht der sich damals bereits abzeichnenden Probleme einer ungesteuerten Globalisierung gefordert: „*Die vornehmste Aufgabe demokratischer Politik (...) wird die Instandsetzung des Staates und die Wiederherstellung des Primats der Politik sein*" (Martin/Schumann, S. 22). Dies gilt heute umso mehr. Wir brauchen nicht weniger, sondern mehr Regulierung, wir brauchen entschlossenes staatliches Handeln. Je später es dazu kommt, desto größer werden die sozialen Folgeschäden sein.

Wir sollten aber nicht allein darauf setzen, dass es die Politik schon richten wird. Das wäre schon in Anbetracht der gegebenen Mehrheitsverhältnisse ein illusorisches Unterfangen. Eine andere Politik, ein sozial verantwortliches Verhalten in den Betrieben und Verwaltungen wird nicht per Gesetz verordnet. Wir müssen selber etwas tun!

Globalisierung sozial gestalten!

Die Globalisierung wird heute von den meisten Deutschen als Bedrohung wahrgenommen, und das, obwohl Deutschland als Exportweltmeister eindeutig zu den Globalisierungsgewinnern zählt (Bofinger, S. 31 ff.). Fakt ist aber, dass die Globalisierung das Kräfteverhältnis zwischen Kapital und Arbeit massiv verschoben hat. Der Druck auf Einkommen und Arbeitsbedingungen hat stark zugenommen. Dies bekommen die Menschen zunehmend zu spüren, und deshalb denken heute die meisten bei Globalisierung vor allem an Arbeitsplatzverlagerungen, Lohndumping durch billigere ausländische Arbeitskräfte, internationale Finanzströme und -investoren. Sie haben im Ohr, dass angeblich nur die Anpassung der Löhne nach unten und der *„Rückbau"* von sozialen Standards die Position von Deutschland im internationalen Wettbewerb sichern könne. Globalisierung ist zunehmend zu einem *„schlagkräftigen Erpressungsmittel"* geworden (Negt, S. 48).

In den letzten Jahren hat eine regelrechte Entfesselung der Kapital-, Produkt- und Arbeitsmärkte stattgefunden. Gleichzeitig sind viele soziale und ökologische Mindeststandards der weltweiten Standortkonkurrenz zum Opfer gefallen. Damit verläuft der Globalisierungsprozess heute völlig ungeordnet und folgt allein den Kapitalinteressen. Verlierer sind die Beschäftigten, darunter auch viele aus den sogenannten Wohlstandsregionen.
Hier muss sich Grundlegendes ändern! Denn mit der Internationalisierung der Wirtschaft wird auch eine Internationalisierung der Politik notwendig. *„Die Weltwirtschaft braucht, wie jede nationale Ökonomie, einen Ordnungsrahmen"* (Hickel, Kassensturz, S. 248). Geschieht dies nicht, sucht sich das weltweit agierende Kapital jeweils die für seine kurzfristigen Interessen günstigsten Bedingungen aus – und die Spirale dreht sich weiter nach unten.

Erste zaghafte politische Ansätze

Die Politik hat es bisher sträflich versäumt, die Globalisierung sozial zu gestalten. Vom 6. bis 8. Mai 2007 hat in Dresden unter Vorsitz des deutschen Bundesarbeitsministers ein Treffen der Arbeits- und Beschäftigungsminister der sieben führenden Industrienationen und Russland (G8) stattgefunden. Dabei war die Frage der sozialen Gestaltung der Globalisierung ein wichtiges Thema. *„Die Globalisierung muss und kann gestaltet werden"*, so Bundesarbeitsminister Müntefering. Drei Themen standen dabei im Mittelpunkt:

- der Sozialschutz in den Entwicklungs- und Schwellenländern
- die gesellschaftliche Verantwortung von Unternehmen (CSR)
- Strategien für mehr und bessere Beschäftigung in den G8-Staaten (BMA, Informationen).

So sehr dieser Ansatz zu begrüßen ist, so ernüchternd sind die Ergebnisse. Herausgekommen ist nämlich bis auf inszenierte Harmonie, wohlfeile Erklärungen und nette Gruppenfotos recht wenig. Den vielen Worten müssen Taten folgen. Die Politik muss endlich glaubhaft versuchen, diesen Prozess sozial gerecht und ökologisch wirksam zu gestalten. Gegen die permanente Spirale nach unten können nur verbindliche, d.h. einklagbare soziale und ökologische Mindeststandards helfen. Nur so lässt sich der Dumpingwettlauf stoppen. Und es *„bedarf zudem scharfer Kontrollen und vor allem der ökonomischen Ächtung der Länder, die solche Standards nicht einhalten"* (Hickel, Kassensturz, S. 249). Dazu zählen auch wirksame Regeln gegen die Steuerflucht und den Steuerwettlauf nach unten (siehe dazu Weed/Liebert). Nur so lässt sich gewährleisten, dass die Produzenten des weltweiten Reichtums endlich auch einen angemessenen Anteil vom Kuchen abbekommen.

> *„Ohne Achtung der Menschenrechte und solidarische Standards, die Lohnsklaverei, Ausbeutung, Kinderarbeit und Zerstörung der Natur verbieten und verhindern, ist eine humane Weltwirtschafts- und Weltfriedensordnung nicht möglich."*
> Heiner Geißler, in: Social Times, 31.05.2007
>
> *„Auf Dauer werden die Massen eine Globalisierung, die spaltet und auseinander treibt, nicht hinnehmen."*
> Markus Sievers

Positionen und Aktivitäten der Gewerkschaften

Die Gewerkschaften haben die Auswirkungen der Globalisierung einige Zeit lang unterschätzt. Insbesondere die Gewerkschaften in den reicheren Ländern haben sich lange sicher gewähnt und geglaubt, dass die relativ guten nationalen Rechte und Regulierungen genügend Schutz bieten. Diese sind aber durch den internationalen Dumpingwettlauf massiv unter Druck geraten und teilweise ausgehebelt worden.

Gewerkschaften müssen stärker international „denken" und agieren. Sie müssen sich vor allem auch stärker international organisieren. Diese Aufgabe übernehmen weltweite Gewerkschaftsorganisationen, in denen die nationalen Branchenorganisationen zusammenarbeiten und als gemeinsames Sprachrohr gegenüber internationalen Organisationen und Konzernen auftreten. Die Branchenorganisationen und deren Dachverband, der IGFB, organisieren weltweite Kampagnen zur Durchsetzung von Gewerkschaftsrechten, zum Verbot von Kinder- und Sklavenarbeit, gegen Aids und für das Recht der Frauen auf gleiche Entlohnung für gleiche Arbeit. Sie verstehen sich als treibende Kraft bei internationalen Aktionen für weltweite Mindeststandards.

Internationale Gewerkschaftsverbände (Auszug)

Internationaler Bund freier Gewerkschaften, IBFG (Dachorganisation)
www.icftu.org

Internationaler Metallgewerkschaftsbund
www.imfmetal.org

Internationale der öffentlichen Dienste
www.world-psi.org

Internationaler Transportarbeiterbund
www.itfglobal.org

Brancheninternationale im Dienstleistungssektor
(UNI – Union Network International)
www.union-network.org

Internationaler Journalistenbund
www.ifj.org

Die Gewerkschaften setzen sich für eine Sozialklausel in den WTO-Verträgen ein. So könne der weltweite Unterbietungswettbewerb entschärft und elementare Arbeitsstandards durchgesetzt werden (DGB, Globalisierung, S. 31). Die Branchenorganisationen verhandeln auch direkt mit Konzernen, z.B. über die Einhaltung von ILO-Kernarbeitsnormen und die Anwendung der OECD-Richtlinien für Multis (IGM, Verantwortung, S. 29).

Internationale Betriebsratsstrukturen
Eine Schlüsselrolle spielen die multi- bzw. transnational agierenden Konzerne mit ihren jeweiligen Tochterunternehmen. Während das Kapital schon lange global agiert und keine nationalen Grenzen kennt, sind die Belegschaften dieser Multis in den meisten Fällen (noch) nicht international organisiert. Gewerkschaften müssen hier über die jeweiligen internationalen Gewerkschaftsstrukturen und den Aufbau internationaler

Interessenvertretungsstrukturen bei weltweit agierenden Firmen versuchen, ein wirksames Gegengewicht zu schaffen.

Auf europäischer Ebene gibt es eine EU-Richtlinie, die Unternehmen mit mehr als 1.000 Beschäftigten und zwei oder mehr Niederlassungen in verschiedenen Ländern dazu verpflichtet, einen Eurobetriebsrat zu gründen. Eine rechtliche Grundlage für eine weltweite Arbeitnehmervertretung in multinationalen Konzernen gibt es noch nicht. Trotzdem ist es in einigen Konzernen gelungen, sich global zu organisieren. Mittlerweile arbeiten rund zehn Weltbetriebsräte, u.a. bei DaimlerChrysler und VW. In einigen Fällen funktioniert die internationale Zusammenarbeit schon sehr gut.

WTO
Welthandelsorganisation – ihr Ziel ist die Liberalisierung des internationalen Handels.

IWF
Internationaler Währungsfonds – maßgeblicher Akteur bei der Regulierung der Weltfinanzen und beim Management der internationalen Schuldenkrise.

OECD
Organisation for Economic Co-operation and Development – Ziel ist die Förderung der internationalen wirtschaftlichen Zusammenarbeit. Die OECD ist eine Organisation der westlichen Industrieländer.
OECD-Leitsätze für multinationale Unternehmen – siehe: www.oecd.org

ILO
International Labour Organization (Internationale Arbeitsorganisation) – eine Sonderorganisation der Vereinten Nationen. Ihr Ziel ist die Durchsetzung internationaler Arbeits- und Sozialnormen. ILO-Kernarbeitsnormen – siehe: www.ilo.org

Kritische Fragen
Auf internationaler Ebene gibt es für die Gewerkschaften noch viel zu tun. Der Abschluss von Rahmenvereinbarungen (Sozialklauseln) ist ein Anfang. Solche Vereinbarungen können aber von den Unternehmen auch als Feigenblatt missbraucht werden. Kritisch muss ferner gesehen werden, dass WTO und OECD als relativ schwach einzuschätzen sind, was deren Möglichkeiten (und Interesse) anbelangt, regulierend auf die Politik der internationalen Konzerne Einfluss zu nehmen. Und auch die rechtlichen Instrumente der internationalen Betriebsräte sind bei Weitem nicht ausreichend. Hier fordern die Gewerkschaften u.a. weltweite Bilanzierungsrichtlinien und verbindliche

Verhaltensvorschriften für die Multis. Damit die Gewerkschaften über Grenzen hinweg solidarisch handeln können, müssen zunächst einmal deren Informationsrechte verbessert werden, damit sie wissen, was die Konzerne überhaupt planen.

In dem Maße, wie die Ökonomie internationaler geworden ist, müssen auch die Gewerkschaften stärker international agieren. Die Globalisierung braucht nämlich vor allem eines: gewerkschaftliche Gegenmacht.

Das Finanzkapital muss kontrolliert werden!

Die Entwicklungen in Wirtschaft und Gesellschaft werden mehr denn je durch das Finanzkapital bestimmt. Das muss aber nicht so bleiben, denn die Bedingungen des Wirtschaftens werden von staatlichen und ökonomischen Akteuren gemacht bzw. gestaltet. Die Politik muss versuchen, die Kontrolle über die Kapitalmärkte zurückzugewinnen, um den Turbo im Kapitalismus zu bändigen. Anderenfalls werden die ökonomischen, sozialen und ökologischen Folgen verheerend sein.

Es liegt eine Vielzahl von Vorschlägen und Maßnahmen auf dem Tisch (siehe dazu im Einzelnen: Memo, S. 174 ff./Kamp/Krieger, S. 64 ff., ver.di, Finanzkapitalismus). Dazu zählen insbesondere:
- Die Steuerbefreiung der Gewinne aus der Veräußerung inländischer Kapitalbeteiligungen muss zurückgenommen werden.
- Der Kreditanteil bei Investitionen soll auf ein Drittel begrenzt werden.
- Abschaffung von Steuervorteilen für solche Fonds
- scharfe Kontrolle (Aufsicht durch Bundesaufsichtsamt für Finanzdienstleistungen)
- Untersagung von sogenannten Leerverkäufen
- Das Stimmrecht von Aktionären soll mit der Haltedauer von Aktien verknüpft werden (das kann Investoren abhalten, sich nur deswegen einzukaufen, um schnellen Profit zu machen).
- Kurzfristige Kapitalbewegungen müssen weniger attraktiv gemacht werden (z.B. durch die Einführung einer Börsenumsatzsteuer).
- Die Bezahlung von Managern soll sich nicht an der Kursentwicklung bzw. der kurzfristigen Renditeentwicklung orientieren.
- Auf Währungsgeschäfte soll eine internationale Devisentransaktionssteuer (Tobin-Steuer) eingeführt werden.

> Die **Tobin-Steuer** ist eine Steuer auf internationale Devisengeschäfte. Sie wurde 1972 von dem amerikanischen Ökonomen und Nobelpreisträger James Tobin vorgeschlagen und nach ihm benannt. Er wollte mit der Steuer vor allem kurzfristige Spekulationen mit Währungen erschweren. Dazu sollen sämtliche Umsätze auf dem Devisenmarkt mit einem einheitlichen Steuersatz von einem Prozent belegt werden.

Der DGB hat ein Gutachten in Auftrag gegeben, welches machbare Wege der Regulierung aufzeigt (siehe dazu: Voth). Darin wird u.a. die Forderung gestellt, eine hohe Kreditaufnahme unattraktiver zu machen. Einen ersten zaghaften Schritt dazu leistet im Übrigen die Unternehmenssteuerreform. Sie schränkt die steuerliche Abzugsfähigkeit von Schuldzinsen ein (sogenannte Zinsschranke). Damit soll die Verschiebung von Gewinnen ins Ausland gebremst werden.

Der DGB-Vorsitzende Michael Sommer stellte bei der Präsentation der Studie noch einmal fest, dass freiwillige Verhaltensregeln von Fonds nicht weiterhelfen: *„Man kann ja schlecht die Täter zu Polizisten umfunktionieren"* (DGB-PM vom 30.05.2007).

Im Auftrag der Hans-Böckler-Stiftung haben die Wissenschaftler Jarass und Obermair ein umfangreiches Gutachten über die steuerlichen Aspekte der Behandlung der Heuschrecken vorgelegt. Der Bund will bekanntlich per Gesetz das sogenannte Wagniskapital fördern. Jarass und Obermair stellen dazu kritisch fest, dass die Bundesrepublik sich damit gegen den Trend in den Heimatländern der Fonds stellen würde. Dort, in den USA und Großbritannien, *„gibt es nachhaltige Bestrebungen, die Vergünstigungen für die Fonds, ihre Anteilseigner und ihre Top-Manager zu reduzieren, nicht zuletzt aufgrund der Firmen- und Bankenzusammenbrüche, die derzeit die internationale Finanzwelt erschüttern"* (vgl. Jarass/Obermair).

Es mangelt nicht an fundierten Vorschlägen, wie die Finanzinvestoren gebändigt werden können. Es mangelt allerdings (noch) an der Bereitschaft, solche Vorschriften politisch umzusetzen. Auf dem Treffen der G7-Finanzminister Anfang Februar 2007 in Essen stand das Thema zwar auf der Tagesordnung, es ging aber schlussendlich nicht um harte Regulierung, sondern lediglich um etwas mehr Transparenz.

Hier muss weiter politisch Druck gemacht werden, denn es kann nicht angehen, dass ökonomisch radikales Handeln mit großen sozialen Folgeschäden durch staatliche Privilegien gefördert wird!

Netzwerk Private Equity
Das Vorgehen der Private-Equity-Fonds hat zu vielfältigen negativen Auswirkungen geführt, das bekannteste Beispiel war hier sicherlich der „Fall" GROHE. Die IG Metall hat vor diesem Hintergrund im November 2006 das Netzwerk Private Equity gegründet.

"Finanzinvestoren übernehmen in Deutschland immer häufiger Firmen aus Familienbesitz oder Tochtergesellschaften von Großkonzernen. Betriebsräte und Belegschaften geraten nach einer Übernahme nicht selten stark unter Druck (...) Im Netzwerk kommen bundesweit betroffene Kolleginnen und Kollegen zusammen, die untereinander Informationen austauschen und sich mit Hilfe der IG Metall wechselseitig unterstützen" – so steht es auf Homepage des Netzwerks zu lesen. Für weitere Informationen dazu siehe: www.pe.igmetall.de.

Die soziale Verantwortung der Unternehmen

Nach den Regeln des Shareholder-Kapitalismus belohnen die Finanzmärkte unsoziales Verhalten – wer längerfristig orientiert denkt und handelt oder gar ethische Grundsätze verfolgt, wird abgestraft. Viele Kapitaleigner und Manager meinen, Eigentum verpflichte lediglich dazu, dieses Eigentum zu mehren, einziger Zweck eines Unternehmens sei es, Profite zu machen. Ganz im Sinne der neoliberalen Logik!

> *"Die soziale Verpflichtung von Unternehmen ist es, ihre Gewinne zu steigern."*
> Milton Friedman, amerikanischer Ökonom, einer der Hauptvertreter des Neoliberalismus

Aber Unternehmen sind nicht nur „Geldmaschinen" – und die Manager sind nicht nur den Kapitaleignern verpflichtet. In Deutschland ist die Sozialbindung des Eigentums explizit im Grundgesetz verankert: *„Eigentum verpflichtet. Sein Gebrauch soll zugleich dem Wohle der Allgemeinheit dienen."* Die Frage ist nur, ob sich aus der Verfassungsnorm konkrete Anhaltspunkte für das Handeln der Unternehmer und des Managements ableiten lassen.

Umfang und Grenzen des Eigentums werden hier jedoch nicht definiert. Dazu findet sich lediglich im Abs. 1 des Art. 14 GG der Hinweis, dass Inhalt und Grenzen durch *„die Gesetze"* bestimmt werden. Dazu zählen u.a. auch die Mitbestimmungsgesetze. Aus der Verfassungsnorm des Art. 14 GG lassen sich demnach keine verbindlichen Regeln für ein sozial verantwortliches Verhalten der Unternehmen ableiten. Die Sozialpflichtigkeit des Eigentums bleibt in Bezug auf diese Frage letztendlich eine unverbindliche Feststellung.

Seit Jahren findet in Deutschland eine rege Diskussion um soziale Verantwortung statt. Dies hat auf verschiedenen Ebenen zu zahlreichen Initiativen geführt. Man könnte bisweilen sogar den Eindruck gewinnen, dass hier tatsächlich Einiges in Bewegung sei. Schlüsselbegriffe in diesem Zusammenhang sind Corporate Governance und Corporate Social Responsibility.

Corporate Governance

Mit diesem Begriff werden Regeln einer erfolgsorientierten Unternehmensführung und verantwortlichen Unternehmensüberwachung bezeichnet. Corporate Governance ist vielschichtig und umfasst obligatorische wie auch freiwillige Maßnahmen. Es geht dabei um die Einhaltung von Gesetzen, die Befolgung anerkannter Standards und Empfehlungen ebenso wie auch die Entwicklung und Befolgung eigener Unternehmensleitlinien.

Corporate Governance besitzt durch den Deutschen Corporate Governance Kodex für börsennotierte Unternehmen eine relativ große Bedeutung. Der Kodex ist ein Ergebnis zweier von der Bundesregierung einberufenen Kommissionen. Hintergrund dafür waren Fälle von Missmanagement und Unternehmensinsolvenzen (u.a. Holzmann, Neuer Markt), die zu einer massiven Kritik an Vorständen, Aufsichtsräten und Abschlussprüfern geführt hatten. Kritisiert wurde in diesen Zusammenhängen u.a., dass nicht rechtzeitig auf bedrohliche Entwicklungen hingewiesen wurde und die Unternehmenskontrolle mehr oder weniger versagt hatte. Der Kodex dient vor allem dazu, Vorschriften zur Risikofrüherkennung zu formulieren und die Überwachungsqualität der Aufsichtsräte zu verbessern. Der Deutsche Corporate Governance Kodex ist kein Gesetz, sondern hat lediglich Empfehlungscharakter.

Das Ziel von Corporate Governance ist es, Standards guter und verantwortungsvoller Unternehmensführung aufzustellen und Transparenz herzustellen. In erster Linie geht es dabei um einen besseren Schutz der Anteilseigner. Als Kennzeichen guter Corporate Governance gelten u.a.:
- effiziente Unternehmensführung
- Wahrung der Aktionärsinteressen
- zielgerichtete Zusammenarbeit der Unternehmensleitung und -überwachung
- Transparenz der Unternehmenskommunikation
- Managemententscheidungen sind auf langfristige Wertschöpfung ausgerichtet.

Corporate Governance kann zwar mit dazu beitragen, Unternehmenspolitik transparenter zu machen, in seiner derzeitigen Ausgestaltung aber bietet Corporate Governance keine Handhabe gegen die Auswüchse des Shareholder-Kapitalismus.

Corporate Social Responsibility

Der zweite Schlüsselbegriff ist Corporate Social Responsibility (CSR). Darunter wird das Konzept verstanden, dass Unternehmen auf freiwilliger Basis über die gesetzlichen Bestimmungen hinaus soziale Belange und Umweltbelange in ihre Unternehmensaktivitäten und in die Wechselbeziehungen mit den Stakeholdern integrieren. Oftmals wird der Begriff auch fälschlicherweise als soziale Verantwortung übersetzt.

CSR entstand als Konzept in den 1930er Jahren in den USA als strategische Antwort wirtschaftsliberaler Akteure gegen die Regulierungsbemühungen des US-Präsidenten Roosevelt zur Bekämpfung der Weltwirtschaftskrise. Das Konzept wurde als Reaktion auf globalisierungskritische Sozialbewegungen neu belebt.

Es gibt eine Reihe von Unternehmen, die auf diesem Gebiet durchaus Eindrucksvolles leisten. Solche Aktivitäten sind aber die Ausnahme und gehen letztendlich auf das Engagement einzelner Unternehmerpersönlichkeiten (meist aus Familienunternehmen) zurück. Es gibt viel zu wenige, die bereit sind, guten Beispielen zu folgen! In der Praxis verstehen Unternehmen unter CSR oft nur einzelne Aspekte, z.B. karitative Aktivitäten oder Kultursponsoring. CSR wird von den Unternehmen und deren Verbänden als besondere Leistung der Wirtschaft herausgestellt. Die Bundesvereinigung der Arbeitgeberverbände (BDA) stellt fest: *„CSR beschreibt das gesellschaftliche Engagement von Unternehmen, das diese im Rahmen ihrer Geschäftstätigkeit in den Bereichen Umwelt, Soziales und Wirtschaft über das gesetzliche Maß hinaus in ihrem Umfeld für eine zukunftsfähige Gesellschaft leisten."*

Diese wohlklingenden Worte stehen jedoch in einem krassen Widerspruch zur rauen Realität in den deutschen Unternehmen. CSR ist mehr Schein als Sein und wird von der Wirtschaft in erster Linie zu Marketingzwecken verwendet. Einige halten CSR sogar für ein reines PR-Mittel. Die gleichen Unternehmen, die sich gerne als Förderer und Gönner in der Öffentlichkeit feiern lassen, treten in den Tarifauseinandersetzungen äußerst hart und „knauserig" auf. So z.B. die mächtigen Handelskonzerne, die auf ihren jeweiligen Homepages in wohlgesetzten Worten über ihr CSR-Engagement berichten, gleichzeitig aber in der laufenden Tarifrunde jegliche Verbesserung für ihre Beschäftigten ablehnen und darüber hinaus versuchen, massive Verschlechterungen durchzusetzen.

Die Unternehmerverbände gehen offenbar davon aus, dass es die Öffentlichkeit mit der sozialen Verantwortung nicht so ernst nimmt und man sich mit wohlfeilen Erklärungen abspeisen lässt.

Kritiker sehen deshalb CSR als *„Etikett ohne Inhalt".* Sie kritisieren insbesondere, dass CSR einseitig vom Management festgelegt wird, also nicht mit Belegschaften oder Gewerkschaften ausgehandelt wird. Ohne diese Beteiligung bleibt aber die Frage der unabhängigen Kontrolle und der Glaubwürdigkeit unbeantwortet. *„Viele Konzerne benutzen CSR nur zu PR-Zwecken, um das Gewissen allzu kritischer Verbraucher in sozialer Sicherheit zu wiegen"* (IG Metall, Verantwortung, S. 13). Und damit soll auch der öffentliche Druck abgeschwächt werden, um verbindlichen sozialen Standards aus dem Weg zu gehen!

Die Freiwilligkeit ist der größte Mangel der CSR. Ziel muss es sein, an die Stelle von Freiwilligkeit verbindliche Mindeststandards zu setzen.

Initiativen für mehr soziale Verantwortung

Die Unternehmen müssen mehr soziale Verantwortung übernehmen! Mit Sponsoring und werbewirksamen Spendenaktionen ist es nicht getan. Es geht um mehr. *„Entscheidungen in Unternehmen sind mit Rücksicht auf die ökonomischen, sozialen und ökologischen Wirkungen für die Menschen und ihrer Lebensumwelt zu treffen. Das Handeln der Unternehmen muss die Würde der Menschen und die Menschenrechte achten. Und es muss dem Wohl der Allgemeinheit dienen"* (ver.di, Verantwortung, S. 3).

> *„Ein Unternehmen ist mehr als eine Maschinerie, die nur dazu dient, Gewinne zu machen."*
> Heinz Werner Meier, Vorstand von Sanofi Aventis in Deutschland,
> in: FR vom 16.06.2007

Corporate Accountability

Während sich Unternehmen und die Bundesregierung einig sind, dass Unternehmensverantwortung auf freiwilliger Basis erfolgen müsse, fordern wir mehr Verbindlichkeit. Notwendig sind verbindliche Regelungen (Corporate Accountability), die freiwillige Maßnahmen der Unternehmen ergänzen und teilweise ersetzen.

„Unternehmen verantwortlich machen, das ist unser Ziel. Im Netzwerk Unternehmensverantwortung haben sich zivilrechtliche Organisationen im Bereich Corporate Accountability zusammengeschlossen. Gemeinsam wollen wir Unternehmen für die Auswirkungen ihres Handelns auf Mensch und Umwelt zur Rechenschaft ziehen und sie zur Einhaltung der Menschenrechte sowie internationaler Sozial- und Umweltstandards verpflichten." So heißt es auf der Homepage von CorA (Corporate Accountability), dem neben Attac Deutschland, dem Dachverband der Kritischen Aktionärinnen und Aktionäre, Greenpeace und einer Reihe anderer Organisationen auch ver.di angehört. ver.di hat im August 2006 beschlossen, sich an der Gründung dieses Netzwerks zu beteiligen und aktiv mitzuarbeiten. Für weitere Informationen siehe: www.cora-netz.de.

Forum Zukunftsökonomie

Die Debatte um Ethik in der Wirtschaft findet auf verschiedenen Ebenen statt. Und natürlich gibt es auch bei den Unternehmen die berühmten Ausnahmen von der Regel. Wer hierzulande verantwortungsvolle Firmen sucht, landet sehr schnell bei Faber-Castell. Das Unternehmen hat sich verpflichtet, an allen Standorten die Arbeitsnormen der ILO einzuhalten.

Nach dem Motto, „Tue Gutes und sprich darüber", hat sich das Forum Zukunftsökonomie auf die Fahnen geschrieben, positive Beispiele öffentlich zu würdigen. *„Wenn sich die Verantwortlichen zu wenig bewegen, übernehmen Bewegungen Verantwortung"* – unter dieser Überschrift verstärkt das Forum die Initiativen, die auf eine *„gesellschaft-*

lich verantwortliche Unternehmensführung" drängen. Das Forum versteht sich als eine offene Plattform. Es will den öffentlichen Dialog über Unternehmensverantwortung suchen. 2005 haben sich sechs Printmedien zu diesem Forum zusammengeschlossen. Dazu gehören u.a. die taz und ver.di Publik. Im Herbst 2006 wurde erstmals der „Preis der Arbeit" verliehen. Den Jurypreis erhielt Faber-Castell (siehe dazu auch: Arlt). Für weitere Informationen siehe: www.preis-der-arbeit.de.

> **Drastische Worte von einem, der es wissen muss**
> *„Wer sich ethisch wie ein Schwein benimmt, ist vielleicht kurzfristig erfolgreich, aber langfristig zahlt sich das nicht aus."*
> Ulf D. Pose, Präsident des Ethikverbandes der Wirtschaft, in: FR vom 26.07.2007

Die Macht der Verbraucher

Gesellschaftlicher Druck auf sozial und ökologisch verantwortungsvolles Verhalten kann auch von den Konsumenten ausgehen. Durch ihr tagtägliches Konsumverhalten entscheiden sie indirekt mit über die Arbeits- und Produktionsbedingungen. Einkaufen wird zunehmend zu einem politischen Akt. Vielen ist längst nicht mehr egal, unter welchen Umständen Jacken, Computer oder Spielzeuge produziert werden. *„Wer erlebt, wie Arbeitsplätze in Billiglohnländer abwandern, will sich selbst nicht unbedingt an dieser Unternehmenspolitik beteiligen. Waren, denen das Image anheftet, an ihnen klebe Blut, werden heute schneller zum Ladenhüter als noch vor zehn Jahren"* (IGM, Verantwortung, S. 12.).

Das setzt aber voraus, dass die Konsumenten wissen, unter welchen Umständen Artikel produziert werden. Dazu gibt es eine Vielzahl von Initiativen und Aktivitäten.
Für weitere Informationen siehe:
- www.verbraucher.de
- www.forum-kinderarbeit.de
- www.flower-label-program.org
- www.transfair.de
- www.oeko-fair.de
- www.weltladen.de
- www.sauberekleidung.de.

Wirtschaftsdemokratie neu beleben!

Von den Entscheidungen des Managements in den Konzernen werden nicht nur die Interessen der Kapitaleigner betroffen, in erster Linie sind davon die Interessen der Beschäftigten tangiert. Bislang haben die Arbeitnehmer/-innen aber keine wirksamen Instrumente in der Hand, um der einseitig renditeorientierten Unternehmenspolitik etwas Wirkungsvolles entgegenzusetzen. Die vorhandene Corporate-Governance-Konzeption ist viel zu eng angelegt und orientiert sich vorrangig an den Interessen der Shareholder.

Notwendig ist deshalb eine Ausdehnung der Unternehmensmitbestimmung und zwar sowohl in quantitativer wie in qualitativer Hinsicht:
- Die Mitbestimmung sollte auf Unternehmen ab 500 Beschäftigte ausgedehnt werden, um den Aktivitäten der Private-Equity-Fonds, die vorrangig in mittelständischen Unternehmen ihr Unwesen treiben, etwas entgegensetzen zu können.
- Um den Einfluss der Finanzinvestoren zu begrenzen, bedarf es darüber hinaus einer qualitativen Verbesserung der Mitbestimmung. Notwendig ist u.a. ein Vetorecht gegen alle beschäftigungsrelevanten Investitions- und Umstrukturierungsmaßnahmen (siehe dazu ausführlich: Bontrup).

Eine Stärkung der Mitbestimmung i.d.S. verbessert die *„Chancen für Gegenstrategien zum Erhalt des Unternehmens und der Arbeitsplätze durch Abschotten gegen die Angriffe von Investmenthäusern und Hedge-Fonds. Dies ist auch im Interesse der Unternehmen, die geschützt vor spekulativen Angriffen ihre Wertschöpfungsbasis stärken wollen"* (Hickel, Kassensturz, S. 230).

Mitsprache bei Schlüsselindustrien
Der DGB fordert darüber hinaus ein Mitspracherecht der Gewerkschaften bei der Kontrolle ausländischer Staatsfonds und Finanzinvestoren. So könne für strategisch bedeutende Branchen eine neue Aufsichtsbehörde wichtige Kontrollfunktionen übernehmen. In dieser sollen auch Gewerkschafter als Vertreter der Arbeitnehmerseite sitzen. *„Es geht"*, so das zuständige DGB-Vorstandsmitglied Matecki, *„um Spielregeln, welche die Allgemeinverpflichtung des Eigentums besser gewährleisten"* (HB vom 17.07.2007).

Verlagerungsabgabe
Die IG Metall tritt dafür ein, dass Verlagerungskosten nicht auch noch steuerlich absetzbar sind, während die Sozialkosten der Allgemeinheit aufgebürdet werden. Im Fall einer Verlagerung sollen öffentliche Fördermittel zurückgezahlt werden müssen. Mit einer Verlagerungsabgabe sollten zukünftig Unternehmen an den gesellschaftlichen Kosten ihrer Entscheidung beteiligt werden. Unternehmen hätten schließlich auch Verpflichtungen gegenüber der Region, in der sie groß geworden sind. *„Im Grundgesetz steht noch immer, Eigentum verpflichtet"* (metall Nr. 4/2006, S. 13).

Kündigungsverbote bei hohen Gewinnen
Die Tatsache, dass in mehreren Konzernen trotz Rekordgewinn massenhaft Personal abgebaut wurde, hat in der Diskussion um das Verhalten der Manager eine große Rolle gespielt. Dies hat u.a. auch zu Überlegungen über rechtliche Möglichkeiten zum Schutz

der betroffenen Arbeitnehmer/-innen geführt. Die Gewerkschaft ver.di hat in diesem Zusammenhang Vorschläge für eine Gesetzesänderung vorgelegt, die zu einem wirksamen Kündigungsschutz vor derartigen rechtsmissbräuchlichen Kündigungen führt.

Der ver.di-Vorschlag sieht folgendermaßen aus:
1. Erweiterung der Mitbestimmung bei Kündigung nach § 102 Abs. 3 BetrVG:
„Der Betriebsrat kann innerhalb der Frist des Abs. 2 S. 1 der ordentlichen Kündigung widersprechen, wenn ... die Kündigung vorrangig dem Zweck dient, die Anzahl der Arbeitnehmer im Unternehmen zu reduzieren, ohne dass dies aufgrund der Auftragslage oder anderer dringender wirtschaftlicher Gründe erforderlich ist."
2. Erweiterung des § 1 Abs. 2 Kündigungsschutzgesetz hinter S. 1:
„Kein dringender betrieblicher Grund liegt vor, wenn die Kündigung vorrangig dem Zweck dient, die Anzahl der Arbeitnehmer im Unternehmen zu reduzieren, ohne dass dies aufgrund der Auftragslage oder anderer dringender wirtschaftlicher Gründe erforderlich ist."

Soziale Verantwortung muss durchgesetzt werden!
Soziale Verantwortung ist keine „feste Größe", kein Wert, der vor einem Gericht eingeklagt werden kann. Letztendlich entscheidet die Gesellschaft, was sozial ist. Die Gewerkschaften müssen mit dafür sorgen, dass soziale Verantwortung wieder ein zentraler Bestandteil des Wirtschaftens wird. Mit netten Worten und leidenschaftlichen Appellen ist es nicht getan, soziale Verantwortung muss durchgesetzt werden. Diese Auseinandersetzung findet tagtäglich in Betrieb und Verwaltung statt. Sei es im Streit um die Behinderung von Betriebsratswahlen, sei es in der Auseinandersetzung bei Massenentlassungen in hochprofitablen Unternehmen, sei es in Tarifauseinandersetzungen, sei es im Kampf gegen die Privatisierung öffentlicher Dienstleistungen oder in der Auseinandersetzung um die elementaren demokratischen Rechte. Fakt ist: Die Belegschaften, die gegen Arbeitsplatzvernichtung angehen, zeigen mehr soziale Verantwortung für Arbeitsplätze und Zukunftsperspektiven der jungen Generation als die Konzernvorstände.

Diese Auseinandersetzung richtet sich auch gegen die sogenannte Sachzwanglogik: Es ist nicht zu akzeptieren, dass sich Manager als „Opfer" hinstellen und ihr Handeln mit den Zwängen der Finanzmärkte und der Globalisierung rechtfertigen. *„Viele Chefs sehen sich subjektiv einem hohen Druck ausgesetzt. Sie haben aber eine Wahl, können nein sagen!"* (Die Zeit vom 23.08.2007).

> **Eine Empfehlung für das Handeln der Manager**
> *„Handle so, dass du die Menschheit sowohl in deiner Person, als in der Person eines jeden anderen, jederzeit zugleich als Zweck, niemals bloß als Mittel brauchtest."*
> Immanuel Kant, entnommen aus: Negt, S. 174

Wege aus der Beschäftigungskrise

Eines der brisantesten gesellschaftlichen Probleme ist die anhaltend hohe Arbeitslosigkeit. Trotz der gegenwärtigen Wachstumseuphorie und der beschönigenden Kommentare zum „Aufschwung am Arbeitsmarkt" sind immer noch 3,7 Millionen Menschen arbeitslos registriert. Im Durchschnitt werden es 2007 nach Berechnungen des IAB 3,8 Millionen sein, hinzu kommt eine „stille Reserve" von 1,4 Millionen. 5,2 Millionen Menschen sind also nach wie vor in Deutschland ohne Arbeit.

Schaut man ein paar Jahre zurück, so wird man feststellen, dass „früher" die Empörung über die Massenarbeitslosigkeit weitaus größer war. Und es fand eine breite Diskussion über die verschiedenen Wege aus der Beschäftigungskrise statt. Heute wird kaum noch von Vollbeschäftigung gesprochen – viele haben sich offenbar an Massenarbeitslosigkeit gewöhnt, so als sei dies eine notwendige Begleiterscheinung der Ökonomie. Für die Gewerkschaften bleibt das Thema von zentraler Bedeutung. *„Arbeit schaffen und Arbeit teilen"* steht an vorderster Stelle verschiedener gewerkschaftlicher Grundsatzerklärungen und -programme. Allerdings gibt es derzeit keine erkennbaren Initiativen, dieser Forderung auch tatsächlich (wieder) Nachdruck zu verleihen. Das hängt u.a. auch damit zusammen, dass es viele offene Fragen gibt, ob und wie sich dieses anspruchsvolle Ziel unter den obwaltenden Bedingungen auch tatsächlich umsetzen lässt.

> *„Die Privilegierten unterschätzen das zerstörerische Potenzial solcher Entwicklungen. Nichts zerrüttet die seelische und körperliche Gesundheit des Einzelnen schneller als Arbeitslosigkeit."*
> Lauterbach, S. 180

Das kräftige Wirtschaftswachstum hat in 2007 zu einem merklichen Rückgang der Arbeitslosigkeit geführt. Nach Berechnungen des IAB wird es 2007 gegenüber 2006 im Jahresdurchschnitt gut 600.000 Arbeitslose weniger geben. Grund dafür ist die Tatsache, dass das BIP mit 2,7 Prozent deutlich über der Entwicklung der Produktivität mit 1,1 Prozent liegt. In der Folge ist auch das gesamtwirtschaftliche Arbeitsvolumen in diesem Jahr gestiegen (IAB, 15/2007, S. 7).

Eine solche Entwicklung ist üblich für einen Aufschwung. Die wirtschaftliche Entwicklung im Kapitalismus verläuft jedoch in konjunkturellen Zyklen: Auf einen Aufschwung folgt immer ein Abschwung! Über den gesamten Konjunkturzyklus hinweg betrachtet wird das Arbeitsvolumen also weiter zurückgehen. Wie wir oben gezeigt haben, fallen die realen Wachstumsraten des BIP im Durchschnitt seit Jahren geringer aus als die Zunahme der Produktivität. Das führt zu einem tendenziell weiter sinkenden Arbeitsvolumen. Bleibt alles so, wie es ist, heißt das in der Konsequenz, dass Deutschland auf Dauer mit der Massenarbeitslosigkeit „leben" müsste. Um aus dieser Beschäftigungskrise herauszukommen, gibt es im Wesentlichen zwei Möglichkeiten:

- Das Wirtschaftswachstum um jeden Preis zu fördern.
- Das schrumpfende Arbeitsvolumen auf alle Erwerbspersonen zu verteilen.

Stärkung des Wirtschaftswachstums

Eine Förderung des Wirtschaftswachstums „um jeden Preis" ist ökonomisch kaum möglich. Das BIP müsste so stark steigen, dass es dauerhaft und gravierend über der Produktivität liegt. Das Wachstum muss ausreichen, um die Beschäftigungsschwelle sehr deutlich zu überschreiten. Um die hohe Arbeitslosigkeit drastisch zu senken („Vollbeschäftigung"), müsste diese Steigerung in etwa im zweistelligen Bereich liegen. Solche Wachstumsraten sind aber für entwickelte Volkswirtschaften utopisch. Zudem wäre dies auch ökologisch schädlich und unverantwortlich.

Das bedeutet aber im Umkehrschluss nicht, dass der Zusammenhang zwischen Wachstum und Beschäftigung vernachlässigt werden darf. Im Gegenteil! Deutschland leidet seit Jahren an einer Schwäche der Binnennachfrage: Die Reallohneinbußen der letzten Jahre haben zwar die Konkurrenzfähigkeit der Exportindustrie stark verbessert. Der Exportweltmeister hat aber seine „Auswärtsstärke" mit einer massiven „Heimschwäche" bezahlt. Die geringen Lohnerhöhungen haben die Binnennachfrage geschwächt – vergleichsweise geringe Wachstumsraten und eine hohe Arbeitslosigkeit sind die Folgen.

In einigen westeuropäischen Ländern liegt die Arbeitslosigkeit in etwa auf der Hälfte des deutschen Niveaus. Dazu zählen u.a. Großbritannien, Irland und die Niederlande. Kein Wunder, denn in diesen Ländern sind in den zurückliegenden Jahren die Reallöhne zweistellig gestiegen, während sie hierzulande gesunken sind. Ein wichtiger Beitrag, um aus der Beschäftigungskrise zu kommen, ist also eine aktive(re) Lohnpolitik der Gewerkschaften. Ein „Ende der Bescheidenheit" ist nicht nur aus verteilungspolitischer Sicht, sondern auch aus konjunktur- und beschäftigungspolitischen Gründen notwendig.

Hier gilt es, noch einmal auf den Zusammenhang von Verteilung, Wachstum und Beschäftigung hinzuweisen. Die massive Umverteilung der letzten Jahre hat bekanntlich das gesamtwirtschaftliche Nachfrageniveau geschwächt. Eine Korrektur der Einkommens- und Vermögensverteilung, eine Umverteilung von oben nach unten hätte aufgrund der höheren Konsumneigung der breiten Massen einen Anstieg des gesamtwirtschaftlichen Konsums zur Folge: Eine *„gleichere"* Verteilung führt zu mehr Wachstum und zur Schaffung neuer Arbeitsplätze (vgl. dazu Reuter, Wachstum, S. 89 ff.).

Die Stärkung der Binnennachfrage muss vor allem auch wieder ein Anliegen der Wirtschaftspolitik werden. Es bedarf neben der Tarifpolitik eines wirksamen gesamtwirtschaftlichen Impulses durch ein staatliches Zukunftsinvestitionsprogramm. Ein solches öffentliches Investitionsprogramm würde eine Wende in den völlig unterfinanzierten Bereichen Bildung, Umwelt und Infrastruktur einleiten und dafür sorgen, dass Hunderttausende Arbeitsplätze entstehen. Zu finanzieren wäre dies über ein alternatives Steuersystem (vgl. Reuter, ENA, S. 66).

Die Stärkung des Wirtschaftswachstums ist zwar kein Königsweg aus der Beschäftigungskrise – aber eine unerlässliche Voraussetzung dafür, dass die Beschäftigung stabilisiert wird und zusätzliche Arbeitsplätze geschaffen werden können.

Arbeitszeitverkürzung: Wichtiger denn je!
Der Produktivitätsfortschritt führt zu einer Verringerung des gesamtgesellschaftlichen Arbeitsstundenvolumens bei einer gleichzeitigen Erhöhung des BIP. Mit einem immer geringeren Volumen an menschlicher Arbeitskraft kann also ein bestimmtes Sozialprodukt erwirtschaftet werden. Bezogen auf die gesamte Volkswirtschaft findet somit durch die Erhöhung der Arbeitsproduktivität praktisch eine ständige Verkürzung der Arbeitszeit statt. Dieser Prozess verläuft aber chaotisch und ungerecht: Die einen müssen länger arbeiten, für die anderen bleibt gar nichts!
- Vollzeitbeschäftigte: Verlängerung der Arbeitszeiten (Mehrarbeit/Überstunden)
- atypisch Beschäftigte: kurze Arbeitszeiten
- Erwerbslose: Arbeitszeit Null.

Eine solche Entwicklung liegt ganz im Interesse der Unternehmer, denn dies spaltet die abhängig Beschäftigten. Es besteht die große Gefahr, dass zwischen diesen Gruppen ein schleichender Prozess der Entsolidarisierung einsetzt. Statt *„Gemeinsam sind wir stark"* heißt das Motto dann Konkurrenz zwischen den verschiedenen Arbeitnehmer/-innen („normal" vs. „prekär") und zwischen Beschäftigten und Erwerbslosen. Dies schwächt die gewerkschaftliche Verhandlungsposition nachhaltig.

Es ist wichtiger denn je, das Thema Arbeitszeitverkürzung wieder auf die Tagesordnung zu setzen. Die Gewerkschaften konnten in der Vergangenheit auf diesem Feld große Erfolge erringen: In den Industrienationen ist die durchschnittliche Wochenarbeitszeit seit Mitte des 19. Jahrhunderts um etwa die Hälfte reduziert worden.

Etappen der Arbeitszeitverkürzung in Deutschland:
- **1873**: Abschluss eines Tarifvertrags für den 10-Stunden-Tag. Damals wurde in anderen Branchen noch 82 Stunden in der Woche gearbeitet.
- **1949**: Regelung der Tarifautonomie (Grundgesetz Art. 9 Abs. 3 und Tarifvertragsgesetz)
- Die durchschnittliche Arbeitszeit betrug 48 Stunden (6-Tage-Woche).
- **1955**: Gewerkschaften fordern eine 5-Tage-Woche und die 40-Stunden-Woche.
- **1984**: Die Gewerkschaften fordern aufgrund der hohen Arbeitslosigkeit (10 Prozent) die Verkürzung der Wochenarbeitszeit mit dem Ziel der 35-Stunden-Woche. Damit sollte zum einen die Arbeit breiter verteilt werden und gleichzeitig sollten Belastungen für die Einzelnen reduziert werden. Es gab massiven Widerstand der Arbeitgeber.
- Der Streik in der Metallindustrie dauerte sieben Wochen, in der Druckindustrie zwölf Wochen. Danach wurde dann in Etappen bis **1995** die 35-Stunden-Woche für die Metall- und die Druckindustrie erreicht.
- Das Ziel der 35-Stunden-Woche steht nach wie vor auf der tarifpolitischen Forderungsliste der Gewerkschaften. Ende **2004** betrug die durchschnittliche tarifliche Wochenarbeitszeit in Westdeutschland über alle Branchen 37,35 und in Ostdeutschland 39,0 Stunden.

Lange Zeit waren die Gewerkschaften die bestimmende und gestaltende Kraft in der Arbeitszeitfrage. Das hat sich im Zuge der starken Arbeitszeitflexibilisierung verändert. Zudem ist es den Unternehmern in den letzten Jahren gelungen, die Arbeitszeit wieder zu verlängern und so die Löhne zu drücken. Es ist deshalb dringend notwendig, dass die Gewerkschaften in dieser zentralen gesellschaftlichen Frage wieder die Meinungsführerschaft zurückgewinnen.

Arbeitszeitverkürzung: Neu beleben!
Für eine Verkürzung der Arbeitszeit gibt es prinzipiell mehrere Möglichkeiten:
- Verkürzung der täglichen Arbeitszeit
- Verkürzung der wöchentlichen Arbeitszeit
- Verkürzung der jährlichen Arbeitszeit
- Verkürzung der Lebensarbeitszeit.

Vorrangiges Ziel der Gewerkschaften ist nach wie vor die Einführung der 35-Stunden-Woche in allen Wirtschaftsbereichen. Dabei werden Arbeitszeitverkürzung und voller Lohnausgleich im Grundsatz als zusammengehörende Forderung gestellt. Das bedeutet, die Arbeitnehmer/-innen sollen auch bei kürzerer Arbeitszeit den gleichen Lohn erhalten.

Für die Umsetzung einer weitreichenden Arbeitszeitverkürzung sind eine Reihe konkreter Modellrechnungen angestellt worden. Die Memo-Gruppe hat in ihrem Memorandum 1999 ausführlich erörtert, wie eine Verkürzung der durchschnittlichen Wochenarbeitszeit beschäftigungspolitisch wirkt (vgl. Memo 1999, S. 168 ff.). Zwei Jahre später haben die gleichen Autoren detailliert untersucht, wie eine Verkürzung der Arbeitszeit auf 30 Stunden pro Woche mit Lohnausgleich gestaltet und umgesetzt werden könnte (vgl. Memo 2001, S. 199 ff.). An Analysen und Argumenten ist kein Mangel. Es fehlt aber bisher noch die Bereitschaft, dieses Thema wieder offensiv anzugehen.

Um das Thema (wieder) auf die gewerkschaftliche Tagesordnung zu setzen, ist zunächst eine große innerorganisatorische Kraftanstrengung notwendig, denn Arbeitszeitverkürzung erscheint heute vielen als utopisch und nicht „machbar" bzw. wenig mobilisierungsfähig.

Die Gewerkschaften stehen vor einem Dilemma. Solange die riesige „Reservearmee" existiert, ist ihre Verhandlungsposition geschwächt. Eine beschäftigungswirksame Arbeitszeitverkürzung ist also auch im Zusammenhang mit der Lohnfrage wichtig, denn *„ohne eine Verknappung des Überschussangebots an Arbeitskraft bzw. der überschüssigen Arbeitszeit wird es in den Tarifverhandlungen schwer, auch nur den verteilungsneutralen Spielraum auszuschöpfen"* (Memo, S. 41 f.). Für eine solch große gesellschaftspolitische Auseinandersetzung braucht es aber eine starke Verhandlungsposition ...

Trotz aller Bedenken sollte die Arbeitszeitfrage unbedingt wieder neu belebt werden, denn ohne Arbeitszeitverkürzung bleibt die Vollbeschäftigung eine Illusion! Gelingt es nicht, das Thema Arbeitszeitverkürzung wieder neu zu beleben, besteht die akute Gefahr, dass aus der schleichenden Entsolidarisierung zwischen den drei Gruppen eine tiefgreifende Spaltung wird:
- auf der einen Seite ein kleiner werdender Kern von „Working Rich"
- daneben ein wachsender Anteil von „Working Poor"
- und abseits davon eine riesige Gruppe Arbeitsuchender.

Das Thema Arbeitszeitverkürzung sollte nicht als Problem, sondern als Chance gesehen und angegangen werden. Schaffen es die Gewerkschaften, diesen Prozess, der heute polarisierend und chaotisch verläuft, wieder zu ordnen und als ein großes gesellschaftspolitisches Projekt anzulegen, könnten sie sich auch wieder als eine treibende, gestaltende Kraft präsentieren und ein zentrales gesellschaftliches Streit-Thema besetzen. Die Kampagne zum Mindestlohn sollte dafür Mut machen.

Wichtig wäre es, zunächst einmal die Entwicklung der Arbeitszeitverlängerung zu brechen und zur Arbeitszeitverkürzung zurückzukehren. Als ein erster, wichtiger Schritt wäre das Thema Überstunden anzugehen. Nach Berechnungen des IAB beläuft sich das

Überstundenvolumen für 2008 auf rund 1,5 Milliarden Stunden. Darüber hinaus werden unbezahlte Überstunden geleistet, deren Zahl nicht zu beziffern sei (IAB, 15/2007, S. 3). Würden allein die bezahlten Überstunden umgewandelt, gäbe es – rein rechnerisch – 2008 eine Million zusätzlicher Stellen (Bunzenthal).

Gegen die Spaltung der Arbeitsgesellschaft

Wie wir oben gezeigt haben, ist die atypische (prekäre) Beschäftigung weiter auf dem Vormarsch. Zwar entsprechen heute noch knapp sieben von zehn Jobs dem „normalen" Arbeitsverhältnis, der Trend geht aber weiter in Richtung atypische Beschäftigung. Als geradezu dramatisch bezeichnen Forscher die Entwicklung bei jungen Erwerbstätigen: *„Jeder dritte abhängig Beschäftigte unter 20 Jahren hatte im Jahre 2003 eine befristete Stelle, 1991 war es nur jeder fünfte"* (böcklerimpuls 17/2006).

Um einer drohenden Spaltung der Arbeitsgesellschaft entgegenzuwirken, schlägt Prof. Dörre eine Politik vor, die nicht nur für die prekär Beschäftigten entwickelt wird, sondern vor allem mit ihnen: *„Eine solche Politik setzt, so paradox das klingen mag, die Anerkennung prekärer Arbeits- und Lebensverhältnisse voraus."* Um deren Situation zu verbessern, schlägt der Wissenschaftler folgende Maßnahmen vor:
- Einführung eines gesetzlichen Mindestlohns
- existenzsichernde Alterssicherung für Teilzeitbeschäftigte
- Vorrang von Leiharbeitern und befristete Beschäftigten bei Festanstellungen
- Recht zur Teilnahme an Betriebsversammlungen und Betriebsratswahlen
- Bildung eigener Interessenvertretungen sowie Vertretung der „Außenseiter" bei Tarifverhandlungen (vgl. Dörre, in: böcklerimpuls 17/2007).

Das Beispiel Leiharbeit

Die Gewerkschaften haben die Zeitarbeit jahrelang geächtet, mit der Folge, dass sich die Betriebsräte in den Entleihbetrieben so gut wie gar nicht um die Leiharbeitnehmer/-innen gekümmert haben. Ziemlich erfolglos blieben auch die Versuche, in den Verleihfirmen Fuß zu fassen. Hier hat inzwischen ein Umdenken stattgefunden. Es zeichnet sich eine Art Doppelstrategie ab. Um die Lohnspirale nach unten zu stoppen, soll das Arbeitnehmer-Entsendegesetz auf die Zeitarbeitsbranche ausgeweitet werden. Damit könnte das zuständige Bundesministerium dem Tarifvertrag der DGB-Tarifgemeinschaft Vorrang gegenüber dem konkurrierenden Billig-Tarifvertrag des CGB einräumen.

Die IG Metall hat sich darüber hinaus zum Ziel gesetzt, die Leiharbeit zurückzudrängen. Anfang 2007 wurde in NRW die Kampagne „Gleiche Arbeit – gleiches Geld" gestartet. Deren Ziel ist es, dass Leiharbeit *„zu gleichen Lohn- und Arbeitsbedingungen wie reguläre Beschäftigung"* stattfindet. Die IGM wendet sich dabei nicht generell gegen die Leiharbeit. Wer aber mit einem höheren Beschäftigungsrisiko arbeite, der müsse zumindest gleich bezahlt werden. Die Gewerkschaft verweist in diesem Zusammenhang auf das Beispiel Frankreich. Dort *„gibt es nicht nur gleiches Geld und vergleichbare Arbeitsbedingungen für Leiharbeiter, dort gibt es zusätzlich eine Prekaritätsprämie in Höhe von zehn Prozent des Lohns. Denn wer nur vorübergehend arbeitet, trägt ein besonderes Erwerbsrisiko"* (Wetzel).

Versucht wird, die Betriebsräte in den Entleihbetrieben in die Pflicht zu nehmen. Nach § 99 Betriebsverfassungsgesetz *(„Mitbestimmung bei personellen Einzelmaßnahmen")* kann der Betriebsrat jeder Einstellung unter bestimmten Voraussetzungen seine Zustimmung verweigern. Die Aktivitäten von ver.di zielen in die gleiche Richtung (vgl. ver.di, Leiharbeit, S. 18 ff.)

Darüber hinaus versuchen die Gewerkschaften in den Verleihfirmen Betriebsräte zu installieren und in den Kundenbetrieben die Leiharbeitnehmer/-innen gewerkschaftlich zu organisieren.

„Wir wollen die gleiche Bezahlung für Leiharbeiter und Stammarbeiter der gleichen Belegschaft."
Frank Bsirske, ver.di-Vorsitzender, in: Bild-Zeitung vom 04.09.2007

Das Projekt „Gute Arbeit"

Bei der Debatte um die Arbeit darf der qualitative Aspekt nicht außer Acht geraten: Ende 2004 wurden 5.400 Beschäftigte danach befragt, was sie unter „guter Arbeit" verstehen. Das Ergebnis war sehr ernüchternd, denn gute Arbeit gilt nur für drei Prozent der Befragten. Die größte Gruppe der Beschäftigten ist jedoch weit weg von guter Arbeit. Bei 84 Prozent der Arbeitsplätze sind entweder die Einkommen niedrig, die Belastungen hoch oder Einfluss- und Entwicklungsmöglichkeiten kaum vorhanden.

Mit dieser Studie wurde auch erforscht, wie „gute Arbeit" aus Sicht der Beschäftigten aussehen sollte. Die folgenden zehn Punkte wurden dabei vorrangig genannt:
- festes, verlässliches Einkommen
- Sicherheit des Arbeitsplatzes
- Arbeit soll Spaß machen
- Behandlung „als Mensch" durch Vorgesetzte
- unbefristetes Arbeitsverhältnis
- Förderung der Kollegialität
- Gesundheitsschutz soll bei der Arbeitsplatzgestaltung berücksichtigt werden
- Arbeit soll als sinnvoll empfunden werden
- auf Arbeit stolz sein können
- vielseitige/abwechslungsreiche Arbeit (inifes, S. 5).

Einen besonders hohen Stellenwert hat das Thema „unzureichende Einkommen". *„Mit keinem anderen Bereich der Arbeitsgestaltung sind abhängig Beschäftigte derart unzufrieden wie mit dem Verhältnis von Einkommen und Leistung"* (inifes, S. 11).

Die IG Metall hat sich zum Ziel gesetzt, Widerstand gegen schlechte Arbeitsbedingungen, ausufernden Leistungsdruck und prekäre Beschäftigungsverhältnisse zu leisten. Mit dem Projekt „Gute Arbeit" sollen dem gesellschaftlichen Rückschritt Konzepte für eine humane Arbeitswelt entgegengesetzt werden. Dazu wurden umfangreiche Materialien entwickelt – regelmäßig informiert die Zeitschrift für Gesundheitsschutz und Arbeitsplatzgestaltung (ausführlich dazu: Pickshaus, S. 31 ff.). Der DGB und seine Mitgliedsgewerkschaften haben sich dem Thema mit dem Projekt „DGB-Index Gute Arbeit" angenommen. Für weitere Informationen siehe: www.gutearbeit-online.de.

Für eine Umverteilung von oben nach unten

Die Verteilungsfrage zählt zu den Schlüsselthemen der ökonomischen und sozialen Entwicklung einer Gesellschaft. Dies wird nicht nur in den Gewerkschaften so gesehen – sogar in der traditionellen Volkswirtschaftslehre finden sich stichhaltige Begründungen für eine Umverteilung. Die klassische Umverteilung von oben nach unten hat heute mehr denn je ihre Berechtigung, denn man weiß, *„dass ein weiterer Einkom-*

menszuwachs jenen Menschen, die an der Spitze der Einkommenspyramide stehen, kaum zusätzlichen Nutzen beschert. Der ‚Grenznutzen' des Einkommens nimmt rapide ab", stellt der DIW-Forscher Prof. Wagner dazu fest.

Wir plädieren dafür, das Thema Umverteilung wieder stärker in den Vordergrund zu rücken. Die Zeit drängt auch hier, denn je mehr sich die Verteilungskluft vertieft, desto mehr verfestigen sich die Unterschiede, desto schwieriger wird deren Korrektur. Die Berechtigung einer Umverteilungsforderung liegt auf der Hand:

„Einkommen und Vermögen sind ungerecht verteilt. Damit werden sich die Gewerkschaften nicht abfinden. Tarifpolitik bleibt deshalb auch Verteilungspolitik. Unser Ziel ist, mit Hilfe von Steuern sowie tarif-, vermögens- und gesellschaftspolitischen Maßnahmen mehr Verteilungsgerechtigkeit durchzusetzen."
DGB-Grundsatzprogramm, S. 19

„Der gemeinsam erwirtschaftete Reichtum, Volkseinkommen und Volksvermögen, muss so auf alle aufgeteilt werden, dass alle die gleichen Möglichkeiten zur gesellschaftlichen Teilhabe haben – und zwar dauerhaft."
IGM, Fair teilen, S. 11

„Die Gewerkschaften sind aus demokratischen und ökonomischen Gründen berechtigt, der Verteilung des Reichtums das gleiche Gewicht wie dessen Herstellung beizumessen."
Hengsbach, S. 133

ARBEIT & KAPITAL

Fragen eines lesenden Arbeiters:

Wer baute das siebentorige Theben?
In den Büchern stehen die Namen von Königen.
Haben die Könige die Felsbrocken herbeigeschleppt?
Und das mehrmals zerstörte Babylon –
Wer baute es so viele Male auf? In welchen Häusern
Des goldstrahlenden Lima wohnten die Bauleute?
Wohin gingen an dem Abend, wo die Chinesische Mauer fertig war,
Die Maurer? Das große Rom
Ist voll von Triumphbögen. Wer errichtete sie? Über wen
Triumphierten die Cäsaren? Hatte das vielbesungene Byzanz
Nur Paläste für seine Bewohner? Selbst in dem sagenhaften Atlantis
Brüllten in der Nacht, wo das Meer es verschlang,
Die Ersaufenden nach ihren Sklaven.

Der junge Alexander eroberte Indien.
Er allein?
Cäsar schlug die Gallier.
Hatte er nicht wenigstens einen Koch bei sich?
Philipp von Spanien weinte, als seine Flotte
Untergegangen war. Weinte sonst niemand?
Friedrich der Zweite siegte im Siebenjährigen Krieg. Wer
Siegte außer ihm?

Jede Seite ein Sieg.
Wer kochte den Siegesschmaus?
Alle zehn Jahre ein großer Mann.
Wer bezahlte die Spesen?

So viele Berichte.
So viele Fragen

Bertolt Brecht

„Die durch den gemeinsamen Einsatz von Kapital und Arbeit erwirtschaftete Wertschöpfung ist (...) keineswegs das ausschließlich private Gut der Aktionäre, sondern Eigentum aller, die an der Wertschöpfung im Unternehmen beteiligt waren. Wenn den Mitarbeitern der ihnen zustehende Anteil an der Wertschöpfung entrissen und auf die Aktionäre und das Topmanagement verteilt wird, ist das eine Art von Raub."

Segbers, S. 75

Gewerkschaften: Verteilungsspielräume ausschöpfen

Der wichtigste Hebel für eine gerechtere Verteilung ist die Korrektur der Primärverteilung. (Auch) Hier stehen die Gewerkschaften vor großen Herausforderungen. Es geht schließlich darum, durch eine aktive Tarifpolitik wieder zu einer gesamtwirtschaftlich produktivitätsorientierten Reallohnsteigerung zurückfinden (siehe dazu Bofinger, S. 258, Horn, S. 77 f.). Anders ausgedrückt: Die Löhne und Gehälter sollen mindestens in dem Maße erhöht werden, wie Produktivität und Inflationsrate steigen.

Über viele Jahre hinweg galt dies als Grundorientierung der Tarifpolitik. Wenn die Reallöhne im Maße der gesamtwirtschaftlichen Produktivität steigen, bedeutet das eine gleichgewichtige Teilhabe der Arbeitnehmer/-innen am Wohlstandszuwachs. Unternehmer und Beschäftigte sollen gleichermaßen an dem teilhaben, was im Verlauf eines Jahres zusätzlich erwirtschaftet worden ist. Wenn das Konzept 1:1 umgesetzt wird, bleiben die Verteilungsverhältnisse zwischen Kapital und Arbeit nämlich gleich. Man spricht deshalb auch vom verteilungsneutralen Spielraum. Das Konzept der produktivitätsorientierten Lohnpolitik verfolgt neben der Verteilungsgerechtigkeit auch das Ziel der Nachfragestabilisierung.

In den letzten Jahren haben sich Unternehmer und Vermögenseigentümer massiv zu Lasten der abhängig Beschäftigten bereichert. Diese Schieflage gilt es zu korrigieren! Durch eine aktive(re) Tarifpolitik kann die Schere in der Einkommensverteilung wieder ein Stück geschlossen werden. Ein (kleiner) Schritt in diese Richtung wurde im ersten Halbjahr 2007 gemacht. Die Tarifabschlüsse *„fallen im Durchschnitt deutlich höher aus als im vergangenen Jahr"*. Umgerechnet auf das Jahr errechnete das WSI eine vorläufige jahresbezogene Tarifsteigerung von 2,3 Prozent (WSI, PM vom 10.07.2007). Das WSI spricht von einer positiven Wende in der Tarifpolitik. Diese *„Tarifwende"* wird von harten Konflikten begleitet (Arbeitskämpfe u.a. im Bauhauptgewerbe, der Metallindustrie, Druckindustrie und bei der Deutschen Bundesbahn). Die Zahl der Streiktage in Deutschland ist wieder deutlich gestiegen – allerdings geht es hierzulande immer noch vergleichsweise friedlich zu.

In etlichen Branchen haben die Beschäftigten damit dieses Jahr erstmals wieder Chancen auf einen Reallohnzuwachs. Wiederum beträchtlich ist allerdings die Spanne zwischen den Branchen – sie reicht von 3,5 Prozent in der Investitionsgüterindustrie bis zu 0,7 Prozent bei den Gebietskörperschaften.

In der Lohnpolitik ist ein „Ende der Bescheidenheit" geboten. Die Umverteilung zu Lasten der Beschäftigten muss gestoppt werden. Die Gewerkschaften sollten versuchen, mit neuen, beteiligungsorientierten Arbeitskampfformen wieder in die Offensive zu gehen.

Produktivitätsorientierte Lohnpolitik – Kritik und Positionen

Der Ökonom und Jesuitenpater Oswald von Nell-Breuning kritisierte schon Anfang der 1960er Jahre, dass der Ansatz der produktivitätsorientierten Lohnpolitik in der Konsequenz ausschließt, dass die Arbeitnehmerschaft einen höheren Anteil am Sozialprodukt erreicht. Die produktivitätsorientierte Lohnpolitik zementiere die Verteilungsverhältnisse. Aus diesem Grund haben die Gewerkschaften in vielen Lohnrunden immer auch eine zusätzliche Umverteilungskomponente gefordert.

Über lange Zeit, während der Nachkriegs-Wachstumsphase, hat sich die Tarifpolitik an der Formel „Produktivität plus Preise" orientiert. Auch der Sachverständigenrat (SVR) schloss sich diesem Ansatz an. Die gleichgewichtige Teilhabe der Arbeitnehmer/-innen war gesellschaftspolitischer Konsens; in der Wirtschaftspolitik bestand Einvernehmen, dass der Staat für die gesamtwirtschaftliche Nachfragestabilisierung zu sorgen hat.

Dieser Konsens wurde mit dem Beschäftigungseinbruch 1974/75 aufgekündigt. Der SVR änderte seine Position grundlegend. Heute wird die produktivitätsorientierte Lohnpolitik von Arbeitgebern, Unternehmerverbänden und weiten Teilen der Politik infrage gestellt, teilweise sogar offen bekämpft.

So fordert der SVR, dass die Reallöhne im gesamtwirtschaftlichen Durchschnitt nicht mehr im Ausmaß der Produktivität ansteigen sollen. In Zeiten hoher Arbeitslosigkeit müsse eine *„beschäftigungskonforme Lohnpolitik"* betrieben werden. Der Staat solle sich weitgehend zurückhalten und möglichst viel dem Markt überlassen. Unter *„beschäftigungskonform"* wird dabei eine Lohnpolitik verstanden, die folgende Punkte berücksichtigt:

- Zuwachs der Löhne im Maß der Produktivität minus eines *„Beschäftigungsabschlags"*
- statt Inflationsausgleich Erhöhung im Maß der Absatzpreise der Unternehmer
- verstärkte Differenzierung der Tarifverträge
- längere Laufzeiten
- und neuerdings: Berücksichtigung eines *„Globalisierungsabschlags"*.

Diese Position hat der Sachverständigenrat in den letzten Jahren im Wesentlichen beibehalten. Er vertritt damit nichts anderes als die These einer generellen Reallohnzurückhaltung.

Nicht unter 7,50 Euro: Das Projekt Mindestlohn

Es gibt Bereiche, wo Gewerkschaften mit dem Mittel der Tarifpolitik keine befriedigenden Ergebnisse erzielen können. *„Die anhaltend hohe Arbeitslosigkeit raubt den Ge-

werkschaften die Gestaltungskraft am unteren Ende der Lohnskala" (Hickel, Kassensturz, S. 208). Das ist der Grund für die Forderung nach einem flächendeckenden gesetzlichen Mindestlohn. DGB und Gewerkschaften fordern mindestens 7,50 Euro brutto pro Stunde.

Das Thema ist mittlerweile gut in der Bevölkerung verankert. In einer Befragung der Forschungsgruppe Wahlen im Auftrag des ZDF-Politbarometers Mitte August 2007 votierten 78 Prozent für einen gesetzlichen Mindestlohn in allen Branchen. Nur 16 Prozent waren der Meinung, die beschlossene Ausweitung des Entsendegesetzes reiche aus. In der bereits zitierten Zeit-Umfrage haben sich sogar 68 Prozent der FDP-Anhänger für einen gesetzlichen Mindestlohn ausgesprochen.

Rückenwind für einen gesetzlichen Mindestlohn bieten auch die positiven Erfahrungen unserer Nachbarn. Von den EU-Mitgliedsländern haben bereits 18 einen gesetzlichen Mindestlohn, einige davon schon seit mehreren Jahrzehnten. Durch den Mindestlohn wurde in diesen Ländern die Lohnspreizung deutlich reduziert, ebenso die Lohndiskriminierung von Frauen, denn vor allem sie haben von den Mindestlöhnen profitiert.

Mindestlöhne in Europa (Stand: September 2007)

Land	Stundenlohn (in Euro)
Luxemburg	9,08
Irland	8,65
Frankreich	8,44
Großbritannien	8,20
Niederlande	8,08
Belgien	8,08
Deutschland (DGB-Forderung)	7,50

Quelle: böcklerimpuls 13/2007 (WSI-Mindestlohndatenbank 2007)

Gegner des Mindestlohns behaupten, dieser sei schädlich für die Beschäftigung und würde massenhaft Arbeitsplätze vernichten. Dies wird aber durch die Praxis widerlegt. Insbesondere das britische Beispiel macht deutlich, warum der Mindestlohn ein Gebot der Stunde ist: *„Bisher war der Mindestlohn ein großer Erfolg. Für mehr als eine Million Arbeitnehmer sind die Löhne deutlich angehoben worden, ohne dass dies Arbeitsplätze gekostet hätte"* (John Cridland, Generaldirektor des britischen Unternehmerverbandes COBI und Mitglied der Low Pay Commission, in: FR vom 09.05.2006).

Mindestens 7,50 Euro

Hinsichtlich der Höhe eines Mindestlohns kann die Pfändungsfreigrenze für Erwerbstätige eine wichtige Orientierung bieten. Diese Pfändungsfreigrenze beschreibt ein gesetzliches Minimum für das Einkommen. Ein Gerichtsvollzieher muss einem alleinstehenden Erwerbstätigen im Monat diesen Betrag lassen, damit er seinen Lebensunterhalt bestreiten kann. Im Jahr 2005 wurde diese Pfändungsfreigrenze auf 985 Euro netto festgelegt. Rechnet man auch hier die entsprechenden Sozialabgaben hinzu, ergibt sich ein Mindest-Bruttolohn von 1.362 Euro pro Monat, was einem stündlichen Mindestlohn von 8,10 Euro entspricht. Die Forderung nach einem Mindestlohn von mindestens 7,50 Euro ist also alles andere als „vermessen".

Eckpunkte für Lohngrenzen

Bestehende Rechtsgrundlage	Pfändungsfreigrenze (netto)	Europäische Sozialcharta (Nettolohnuntergrenze)
Mindest-Nettolohn pro Monat	985 Euro	1.012 Euro
Lohnsteuer/Solizuschlag	87 Euro	107 Euro
Sozialversicherungsbeiträge	290 Euro	302 Euro
Mindest-Bruttolohn pro Monat (pro Stunde)	1.362 Euro (8,10 Euro)	1.421 Euro (8,45 Euro)

Quelle: böcklerimpuls 11/2006

Für einen gesetzlichen Mindestlohn gibt es eine Reihe guter und gewichtiger Gründe. Wir wollen hier nur einige wenige nennen:
- Vollzeitarbeit muss eine eigenständige Existenzsicherung ermöglichen. Das ist ein soziales Grundrecht, welches aber ohne den gesetzlichen Mindestlohn nicht in allen Branchen garantiert ist. Armutslöhne sind ein Verstoß gegen die Menschenwürde, sie verstoßen gegen Grundprinzipien des Sozialstaats und der Demokratie.
- Derzeit sind 58 Prozent der Ost- und 40 Prozent der West-Beschäftigten ohne Tarifbindung. Nur der gesetzliche Mindestlohn kann Niedriglöhne dort bekämpfen, wo keine Tarifverträge existieren und Einkommen dort verbessern, wo bisher nur niedrige Tarifentgelte durchgesetzt werden konnten. Mindestlöhne helfen, den Flächentarif zu stabilisieren.
- In den meisten europäischen Nachbarstaaten gibt es einen gesetzlichen Mindestlohn – mit durchweg positiven Erfahrungen. Die oft geäußerte Befürchtung, dass Mindestlöhne schädlich für die Beschäftigung seien, wird hier nicht bestätigt.
- Die meisten Unternehmen können angesichts hoher Gewinne den Mindestlohn problemlos zahlen, ohne die Preise zu erhöhen. *„Kleinere Betriebe werden die Preise – je nach Anteil der Lohnkosten am Produktionswert – teilweise etwas erhöhen müssen.*

Da aber alle den gleichen Mindestlohn zahlen müssen, kann kein Betrieb mit Lohndumping aus der Reihe tanzen" (Memo, S. 75).

> „Unternehmen, deren Existenz lediglich davon abhängt, ihren Beschäftigten weniger als einen zum Leben ausreichenden Lohn zu zahlen, sollen in diesem Land kein Recht mehr haben, weiter ihre Geschäfte zu betreiben. Mit einem zum Leben ausreichenden Lohn meine ich mehr als das bloße Existenzminimum, ich meine Löhne, die ein anständiges Leben ermöglichen."
> US-Präsident Franklin D. Roosevelt, bei der Einführung des gesetzlichen Mindestlohns in den USA im Jahr 1938

Zur aktuellen politischen Debatte

Mitte Juni 2007 wurde nach langen Verhandlungen im Koalitionsausschuss der Bundesregierung ein Kompromiss ausgehandelt. Dieser sieht vor, dass es in dieser Legislaturperiode keinen gesetzlichen Mindestlohn geben wird. Die CDU-/CSU-Fraktion stellt sich strikt gegen eine solche Lösung. Beschlossen wurde, das Entsendegesetz für weitere Branchen zu öffnen. Daneben soll das Gesetz über Mindestarbeitsbedingungen von 1952 überarbeitet werden.

Das Arbeitnehmer-Entsendegesetz (AEntG) ist seit 1996 gültig. Danach können Tarifverträge in einer Branche durch das Bundesarbeitsministerium für allgemeinverbindlich erklärt werden. Die tariflichen Regelungen gelten dann für alle Beschäftigten der Branche, also auch für solche, die von ausländischen Unternehmen in Deutschland eingesetzt werden. Nachteil dieses Gesetzes ist aber, dass es erst einmal flächendeckende Tarifverträge geben muss, und dass diese Tarifverträge selber existenzsichernde Löhne und Gehälter garantieren. Dies lässt sich beispielsweise für die Post-Branche realisieren; für Regelungen in anderen Branchen, wie beispielsweise Call-Center, Wachschutzfirmen oder das Friseurhandwerk hilft das Entsendegesetz aber nicht weiter. Deshalb kann die Ausweitung des Arbeitnehmer-Entsendegesetzes auch nur ein erster Schritt sein – nicht aber die Lösung des Problems. Zudem besteht die Gefahr, dass es zu einer kaum kontrollierbaren Vielzahl von regional unterschiedlichen branchenbezogenen Mindestlöhnen kommt.

In einigen Branchen bestehen bereits tarifliche Mindestlöhne, die nach dem Arbeitnehmer-Entsendegesetz für allgemeinverbindlich erklärt wurden und damit für alle Betriebe und Beschäftigten in den jeweiligen Branchen gelten:

Tarifliche Mindestlöhne nach dem Arbeitnehmer-Entsendegesetz (in Euro)

Tarifgebiet	Lohngruppe	Euro
Bauhauptgewerbe		
- West	Werker	10,40
	Fachwerker	12,50
- Ost	Werker	9,00
	Fachwerker	9,80
Dachdeckerhandwerk		
- West und Ost	Helfer	10,00
Maler- und Lackiererhandwerk		
- West	Ungelernter Arbeitnehmer	7,85
	Geselle	10,73
- Ost	Ungelernter Arbeitnehmer	7,15
	Geselle	9,37
Abbruch- und Abwrackgewerbe		
- West	Hilfskraft	9,49
	Fachwerker	11,60
- Ost	Hilfskraft	8,80
	Fachwerker	9,80
Gebäudereinigerhandwerk		
- West		7,87
- Ost		6,36

Quelle: Bispinck, S. 61/WSI-Pressedienst 21.08.2007, Stand August 2007

Noch nicht in Kraft getreten sind die Regelungen im Bereich Elektrohandwerk. Hier ist ein Mindestentgelt tariflich ausgehandelt worden, aber die Allgemeinverbindlichkeitserklärung noch nicht erfolgt. Die Branche ist vom Geltungsbereich des AEntG bereits erfasst. Genauso verhält es sich mit dem zwischen ver.di und dem Arbeitgeberverband Postdienste ausgehandelten Mindestlohn für Briefzusteller (West: 9,80/Ost 9,00 Euro).

Strittig ist in der Großen Koalition noch die Einbeziehung der Zeitarbeitsbranche in das AEntG.

Das **Mindestarbeitsbedingungsgesetz** stammt aus dem Jahr 1952 – es wurde bislang aber noch nie angewendet. Das Bundesarbeitsministerium könnte mit diesem Gesetz nach Empfehlung von paritätisch mit Arbeitnehmer- und Arbeitgebervertretern besetzten Ausschüssen ein staatlich vorgeschriebenes Mindestentgelt für eine Branche festsetzen. Die formalen Hürden sind aber so hoch, dass dieses Gesetz in dieser Frage kaum weiterhelfen wird. Eine sofortige, flächendeckende Abhilfe gegen Dumpinglöhne kann nur ein gesetzlicher Mindestlohn schaffen.

Gesetzlicher Mindestlohn bleibt das Ziel
Das Ziel eines gesetzlichen Mindestlohns ist also noch lange nicht erreicht – in die Debatte ist aber erhebliche Bewegung gekommen. Die Gewerkschaften haben es geschafft, das Thema mit all seinen Facetten in der Gesellschaft zu verankern. In der Bevölkerung gibt es bereits klare Mehrheiten für einen gesetzlichen Mindestlohn. Politisch gibt es diese Mehrheiten aber noch nicht.

Es gilt, in dieser wichtigen Frage am Ball zu bleiben, denn es geht darum, der Profiterzielung durch Billiglohn-Ausbeutung endlich einen (gesetzlichen) Riegel vorzuschieben. Das Thema wird mit einiger Sicherheit in den kommenden Wahlkämpfen eine wesentliche Rolle spielen. Schlussendlich geht es hier darum, ob die Steuerzahler weiterhin Armutslöhne subventionieren sollen (siehe Aufstocker) oder ob die Arbeitgeber auch in Deutschland für geleistete Arbeit endlich mindestens einen bestimmten Lohn zahlen müssen.

Die Zeit drängt, denn die Einführung eines gesetzlichen Mindestlohns ist kein Projekt für den Abschwung. Man sollte dem Beispiel Großbritanniens folgen, wo der Mindestlohn im Boom eingeführt worden ist.

Der Staat muss umverteilen – aber in die andere Richtung
Statt Gräben zuzuschütten, trägt die Regierung mit dazu bei, dass sich die Verteilungskluft in Deutschland noch vergrößert. Die Politik ist mit dafür verantwortlich, dass die Gräben in der Gesellschaft weiter aufgerissen werden und sich die soziale Kälte ausbreitet. *„Aufschwung für alle",* wie die Bundeskanzlerin Ende August 2007 sinngemäß als Losung für die zweite Hälfte der Legislaturperiode ausgegeben hat, klingt in den Ohren sehr vieler Menschen wie Hohn. Denn das, was die Bundesregierung für die nächsten zwei Jahre beschlossen hat, ändert nichts an der ungerechten Verteilung und der Armut im Land. Das Thema Umverteilung von oben nach unten steht nicht einmal auf der Agenda der Bundesregierung.

> ### Glückliche Gesellschaften
> *„Die Politik darf nicht zulassen, dass die Schere bei Einkommen und Vermögen weiter auseinander klafft. Sonst drohen erhebliche Kosten in Form ökonomischer und psychologischer Verluste. Die glücklichsten Gesellschaften sind jedenfalls jene mit geringen monetären Differenzen."*
> Mario Müller, Glück

Die politische Elite versucht, die wachsenden Verteilungsprobleme in unserer Gesellschaft zu kaschieren. Man ist bemüht, auf das Thema Chancengerechtigkeit umzulenken. Verteilungsgerechtigkeit würde ja bedeuten, dass die Reichen etwas abgeben müssten. Dagegen ist Chancengerechtigkeit nur ein Versprechen in die Zukunft. Das kostet nichts und muss auch nicht gleich eingelöst werden. Ein sehr durchsichtiges Manöver ...

Es gibt aber keine Chancengerechtigkeit ohne Verteilungsgerechtigkeit. Deshalb hat eine auf Gerechtigkeit ausgerichtete Politik des Staates die Aufgabe, die Verteilung von Einkommen und Vermögen zu korrigieren. Ohne materielle Verteilungsgerechtigkeit läuft Chancengleichheit vollkommen ins Leere.

Steuergerechtigkeit statt Almosen

Wer für mehr soziale Balance ist und nicht will, dass die Gesellschaft weiter auseinanderdriftet, muss für ein gerechteres Steuersystem eintreten. Weniger Ungleichheit – mehr sozialer Frieden erfordert eine Umverteilung von oben nach unten. Starke Schultern müssen mehr tragen als schwache!

Die Arbeitsgruppe Alternative Wirtschaftspolitik (Memo-Gruppe), ver.di, IG Metall und attac haben schon vor einiger Zeit ein komplettes alternatives Steuersystem entwickelt. An dieser Stelle wollen wir darauf verzichten, auf die Einzelheiten einzugehen (vgl. ver.di, Steuergerechtigkeit, vgl. Memo, S. 118 ff.).

Nur so viel: Ein Element dieses alternativen Steuersystems ist die Wiedereinführung der Vermögenssteuer. Diese wäre derzeit aufgrund der sich weiter zuspitzenden Vermögenskonzentration in Deutschland wichtiger denn je. Der Steuersatz soll ein Prozent betragen. Die Albrecht-Brüder, die Klattens, Flicks und alle anderen Superreichen könnten sicherlich die „Einbuße" von einem Prozent verkraften. Dies würde noch nicht einmal die Substanz ihrer riesigen Vermögen angreifen, sondern lediglich den Zuwachs ein wenig schmälern! Das würde also den Geldadel nicht arm machen, aber mit dazu beitragen, dass der Staat wieder mehr Geld in die öffentlichen Kassen bekäme. Und es würde auch dafür sorgen, dass ein kleines Stück soziale Gerechtigkeit zurückkehren würde.

> *„Den großen Vermögensbesitzern wird die einprozentige Vermögenssteuer etwa so weh tun, wie es einem Ochsen weh tut, wenn man ihn ins Horn zwickt."*
> Georg Kronawitter, der ehem. OB von München

Spendable Millionäre

Weltweit entdecken die Reichen das Schenken! Aufsehen erregte im Juli 2007 der schottische (!) Finanzinvestor Tom Hunter, als der 47-jährige Chef und Gründer einer sehr erfolgreichen Beteiligungsgesellschaft eine Mrd. Pfund für wohltätige Zwecke spendete (HB vom 19.07.2007). Das ist kein Einzelfall. In Deutschland gibt es mittlerweile einen regelrechten Stiftungsboom. Dem Spiegel war dies sogar einen Titel wert: *„Die Retter der Welt. Der Feldzug der Reichen gegen Armut, Aids und Klimawandel"* (Spiegel Nr. 30/2007). Dort wird u.a. auch über einige ernstzunehmende Projekte berichtet.

Doch sind insgesamt Zweifel angebracht. Bei Vielen und Vielem wird man den Eindruck nicht los, dass es darum geht, sich mit Spenden ein positives Image zu erkaufen. Einige Superreiche mischen eiskaltes Geschäft mit warmherziger Wohltätigkeit. Mittlerweile ist dieser „Markt" sogar schon Gegenstand wissenschaftlicher Forschungen! In einer Studie über die Wohltätigkeitsinvestitionen wird festgestellt, dass die neuen „Wohltäter" mehr und mehr versuchen, *„ihr eingesetztes Spenden-Kapital wie ein Investment zu managen, um eine maximale ‚soziale Investmentrendite' zu erlangen"* (HB vom 28.06.2007). Soziales Engagement als knallhart kalkuliertes Investment? Sozial-Rendite statt sozialer Verantwortung?

Mag sein, dass auch manch ein Manager tief im Innern (noch) den Druck nach gesellschaftlichen Verpflichtungen verspürt. *„Dann will er etwas Gutes tun. Vielleicht mit seinem eigenen Geld, besser aber mit dem Geld der Firma. Das nennt sich neudeutsch Corporate Social Responsibility"* (Müller, Spendabel). Solche Ausgaben senken die Steuerlast, werden also zum Teil von der Öffentlichkeit mitfinanziert. Dafür steht auf der anderen Seite ein werbewirksamer Imagegewinn.

Es wäre verfehlt, das Spendenwesen pauschal zu kritisieren. Viele Projekte sind sicherlich sinnvoll und auch gut gemeint. Bei den meisten steht aber ein kaltes Kalkül hinter der Spende. Wir erleben eine paradoxe Entwicklung – erst werden Unternehmen und Reiche steuerlich entlastet, dem Staat fehlt das Geld. Dann können sich die Unternehmen und Reiche als Wohltäter präsentieren, indem sie z.B. Schulen oder Museen finanzieren, die sich der „arme" Staat nicht mehr leisten kann. Besser wäre es, Unternehmen und Reiche stärker zu besteuern, damit der Staat genügend Geld für seine elementaren Aufgaben zur Verfügung hat.

Armut bekämpfen

Die wachsende Armut, insbesondere die hohe Anzahl armer Kinder, hat die Öffentlichkeit aufschrecken lassen. Die Politik zeigte sich betroffen und diskutierte verschiedene Maßnahmen, wie Armut gelindert werden könne. In der Diskussion sind dabei u.a. ein Erwerbstätigenzuschuss oder die Erhöhung des Kindergeldes.

Grundsätzlich ist festzustellen, dass sich Armutsbekämpfung nicht in isolierten Maßnahmen, wie beispielsweise Transferzahlungen an Eltern, erschöpfen kann. Notwendig ist es, die Ursachen der Armut zu bekämpfen. Dabei geht es insbesondere um die Bekämpfung der Massenarbeitslosigkeit. Und es braucht entschlossene Schritte einer Umverteilung von oben nach unten. Armutsbekämpfung erfordert schließlich eine integrierte Beschäftigungs-, Familien- und Sozialpolitik. Wir wollen hier nur kurz auf einige Teilaspekte der Armutsbekämpfung eingehen.

Arbeitslosengeld I
Seit Februar 2006 wird das Arbeitslosengeld nur noch zwölf Monate gezahlt. Arbeitnehmer über 55 Jahre werden 18 Monate unterstützt. Ältere Arbeitnehmer haben aber ein besonders hohes Arbeitsplatzrisiko. Verlieren sie ihren Job, sind die Chancen auf eine neue Stelle außerordentlich schlecht, der (angebliche) *„Aufschwung für alle"* hat daran nichts geändert! Die hohe Arbeitslosigkeit und die schlechten Chancen älterer Arbeitsloser haben dazu geführt, dass heute 54,3 Prozent der über 55-jährigen Arbeitslosen auf Hartz IV angewiesen sind. Das reduziert die künftige Rente deutlich, damit steigt das Verarmungsrisiko vieler älterer Menschen am Ende ihres Berufslebens. Der DGB fordert in diesem Zusammenhang, dass Ältere wieder länger Arbeitslosengeld I erhalten, damit die finanzielle Ausgrenzung aus der Arbeitslosenversicherung und das Abrutschen in Hartz IV zumindest gemildert wird. Außerdem fordert der DGB, dass Betriebe wieder zahlen müssen, wenn sie Ältere entlassen. Sie sollen dann der Bundesagentur das Arbeitslosengeld sowie die dafür fälligen Beiträge zur Kranken-, Renten- und Pflegeversicherung erstatten, wie es früher üblich war!

Arbeitslosengeld II
Vor dem Hintergrund der steigenden Preise für Grundnahrungsmittel und der wachsenden Unzufriedenheit mit der Verteilungsschieflage in Deutschland hat Mitte 2007 eine Diskussion über die Höhe des Regelsatzes begonnen. So fordert der Paritätische Wohlfahrtsverband – unterstützt von verschiedenen Erwerbslosenorganisationen – eine Erhöhung des Regelsatzes um 20 Prozent, *„um den Menschen die Existenz zu sichern"*. In die gleiche Richtung zielt ver.di: *„Der Regelsatz muss auf mindestens 420 Euro steigen"* (Frank Bsirske, in: Bild-Zeitung vom 04.09.2007).

Armutsfeste Renten
Für die Probleme der Rentenversicherung wird meist die „Demographie" verantwortlich gemacht (späterer Eintritt ins Berufsleben – früherer Beginn der Rente – höhere Lebenserwartung). Dies ist aber eine stark verkürzte Betrachtung, denn für die Finanzierungsprobleme der Rente sind vor allem auch die ökonomischen Entwicklungen ausschlaggebend. Soziale Sicherheit ist aber in erster Linie nicht eine Frage der Biologie (wie alt ist die Bevölkerung?), sondern vor allem eine Frage der Ökonomie, d.h. von Wachstum, Verteilung und Beschäftigung und der Politik (Sekundärverteilung).

Die Auseinandersetzung um die Zukunft der Renten hat gerade erst begonnen. Man kann davon ausgehen, dass die Rentenfrage in den nächsten Jahren noch enorm an Brisanz gewinnen wird, denn für sehr viele Menschen ist heute nach einem langen Berufsleben und trotz vieler Beitragsjahre ein Leben in Würde im Alter kaum mehr gewährleistet.

Altersarmut wird in den nächsten Jahren ein zunehmend wichtiges Thema werden. Der armutsfeste Umbau des Rentensystems ist deshalb von elementarer Bedeutung und zwar bis tief in die Mittelschichten hinein.

Auch hier gibt es keine einfachen Antworten. Notwendig ist es, an mehreren Stellschrauben gleichzeitig zu drehen. Ein Schwerpunkt muss dabei sein, die eigentliche Basis der Renten, die sozialversicherungspflichtige Beschäftigung, gezielt zu stärken: Erhöhung der Erwerbsquote Älterer, tatsächliches und gesetzliches Renteneintrittsalter annähern, Erhöhung der Frauenerwerbsquote.

Ein weiterer Schwerpunkt besteht darin, die Finanzierungsgrundlagen zu verbreitern. Maßnahmen dafür sind u.a. die Erhöhung der Beitragsbemessungsgrenzen, die Ausweitung des Kreises der Versicherungspflichtigen und die Einbeziehung der Einkommen aus Gewinnen, Zinsen und Mieten.

Um Altersarmut zu vermeiden, muss an verschiedenen weiteren Punkten angesetzt werden. Dazu zählen die Aufwertung der Zeiten der Arbeitslosigkeit, eine Höherbewertung von unterdurchschnittlichen Einkommen, eine bessere Anerkennung von Pflegezeiten sowie die rentenrechtliche Besserstellung von Erwerbstätigkeit während der Erziehungsphase. Darüber hinaus muss es ein wesentliches Ziel werden, mehr eigenständige Ansprüche von Frauen im Alter durchzusetzen (siehe dazu im Einzelnen: DGB, Weißbuch).

Ausblick

Deutschland ist auf dem Weg in eine tiefe Spaltung. Immer mehr Menschen werden soziale Mindeststandards verwehrt. Bittere Armut und unverschämter Reichtum haben Konjunktur – und in der Mitte der Gesellschaft herrschen Angst und Unsicherheit. So kann es nicht weitergehen, wir brauchen eine neue soziale und ökonomische Balance. Denn wir wollen, dass es gerechter zugeht in unserem Land.

Immer mehr Menschen sind mit den ökonomischen und sozialen Entwicklungen unzufrieden – sie sehen sich eher links oder übernehmen Positionen, die früher einmal als typisch links galten. In der Zeit-Umfrage ordnen sich 86 Prozent in der Mitte und links davon ein. Und in großen Teilen der Bevölkerung zeigt sich eine Abkehr vom Neoliberalismus. Staat geht vor privat! Die Mehrheit findet, dass Bahn, Post, Strom- und Gaswerke beim Staat besser aufgehoben wären. Sie befürworten einen gesetzlichen Mindestlohn und die Rückkehr zur Rente mit 65.

Diese Unzufriedenheit braucht eine kräftige, unüberhörbare Stimme. Damit sich in diesem Land etwas ändert, müssen die Betroffenen selber etwas tun. Gemeinsam mit ihren Gewerkschaften, denn die Gewerkschaften sind das Stärkste, das die Schwachen haben.

Die Gewerkschaften sind in den letzten Jahren geschwächt worden. Mitglieder- und Finanzprobleme und die anhaltende Massenarbeitslosigkeit haben sie in die Defensive gedrängt. Aber die Chancen, wieder eine größere Rolle in der Gesellschaft zu spielen sind gut. Wie die Umfragen zu brisanten gesellschaftlichen Fragen zeigen, gibt es in der Bevölkerung eine tiefe Sehnsucht nach mehr sozialer Gerechtigkeit und Gleichheit. Wenn selbst zwei Drittel der FDP-Wähler/-innen für einen gesetzlichen Mindestlohn votieren, sollte dies die Gewerkschaften ermutigen, ihre Forderungen noch offensiver zu vertreten.

Damit die Gewerkschaften in der öffentlichen Meinung und damit auch in der Politik wieder eine größere Rolle spielen können, müssen sie versuchen (gemeinsam mit anderen sozialen Akteuren) eine Gegenöffentlichkeit zu bilden, denn das Feld darf nicht den neoliberalen Meinungsmachern überlassen bleiben. Es geht nicht nur darum, die Ökonomie zu bändigen, *„sondern auch die Ideologie, die sie heiligt"* (Hickel). Die Gewerkschaften müssen den *„Kampf um die Köpfe"* führen. Das bedeutet u.a., wieder stärker in Schulen und Berufsschulen präsent zu sein.

Vor allem aber braucht es ein großes, verbindendes Thema, ein gemeinsames Dach, unter das die Aktivitäten auf den verschiedenen Politikfeldern gestellt werden können. Einiges spricht dafür, den Wunsch nach sozialer Gerechtigkeit zum Maßstab für unser Handeln zu machen.

Es geht um die Zukunft unserer Gesellschaft. Es geht darum, wie wir arbeiten und leben wollen. Unter den gegebenen Bedingungen sind Menschen vor allem Kostenfaktoren. In der marktradikalen Logik ist das Soziale nur ein Restposten. Neoliberalismus fördert den Eigennutz und stellt das Individuum in den Mittelpunkt – in der Konsequenz geht es um die Zerstörung des Kollektiven. Dagegen stellen wir Solidarität, Verantwortung für die sozial Schwachen und (Wieder-)Herstellung sozialer Gerechtigkeit. Eine Stärkung der Gewerkschaften bedeutet damit auch eine Stärkung des Gegenentwurfs zum Neoliberalismus.

Anhang

Tabellen
- DAX-30-Unternehmen und ihre Vorstandsvorsitzenden
- Die 30 größten Unternehmen in Deutschland – nach Beschäftigung/Stand 2006
- Die Top 50 der Welt – nach Umsatz
- Gewinne der deutschen Kapitalgesellschaften (2000–2006)
- Kursentwicklung der DAX-30-Unternehmen im Jahr 2006
- Die Schichtung der Einkommen
- Rente mit 67 – die geplante Regelung
- Die 50 reichsten Deutschen

DAX-30-Unternehmen und ihre Vorstandsvorsitzenden

Unternehmen	Vorstandsvorsitzender
Adidas	Herbert Hainer
Allianz SE	Michael Diekmann
Altana	Nikolaus Schweickart
BASF	Jürgen Hambrecht
Bayer	Werner Wenning
BMW	Norbert Reithofer
Commerzbank	Klaus-Peter Müller
Continental	Manfred Wennemer
Daimler-Chrysler	Dieter Zetsche
Deutsche Bank	Josef Ackermann
Deutsche Börse	Reto Francioni
Deutsche Post	Klaus Zumwinkel
Deutsche Postbank	Wolfgang Klein
Deutsche Telekom	Rene Obermann
E.ON	Wulf H. Bernotat
Fresenius	Ben Lipps
Henkel	Ulrich Lehner
Hypo Real Estate	Georg Funke
Infineon	Wolfgang Ziebart
Linde	Wolfgang Reitzle
Lufthansa	Wolfgang Mayhuber
MAN	Hakan Samuelsson
Metro	Hans-Joachim Körber
Münchener Rück	Nikolaus von Bomhard
RWE	Harry Roels
SAP	Henning Kagermann
Siemens	Peter Löscher
Thyssen-Krupp	Ekkehard D. Schulz
TUI	Michael Frenzel
Volkswagen	Martin Winterkorn

Quelle: Geschäftsberichte/Stand: Juni 2007

Die 30 größten Unternehmen in Deutschland
– nach Beschäftigung/Stand 2006

Unternehmen	Beschäftigte weltweit
Siemens	472.500
Deutsche Post	463.350
DaimlerChrysler	360.385
Volkswagen	324.875
Rewe-Gruppe	268.907
Robert Bosch	261.291
Metro	254.259
Edeka-Gruppe	250.000
Deutsche Telekom	248.800
Aldi	200.000
ThyssenKrupp	187.586
Schwarz-Gruppe	170.000
Allianz	166.505
Tengelmann	150.880
BMW	106.575
Bayer	106.000
Fresenius	104.872
Bertelsmann	97.132
BASF	95.247
Lufthansa	94510
Continental	85.224
E.ON	80.612
KarstadtQuelle	76.917
Merckle-Gruppe	72.000
Deutsche Bank	68.849
RWE	68.534
Schaeffler-Gruppe	63.000
Haniel	55.889
Linde	55.445
ZF Friedrichshafen	55.358
Otto-Gruppe	55.000

Quelle: Geschäftsberichte 2006/Eigene Berechnungen

Die Top 50 der Welt
– nach Umsatz

2006	2005	Börsennotierte Unternehmen	Land	Branche	Umsatz in Mill. Euro
1	1	Royal Dutch Shell	NL	Mineralöl/Gas	255.546
2	3	Wal Mart	USA	Einzelhandel	249.614
3	2	Exxon Mobil	USA	Mineralöl/Gas	242.447
4	4	BP	GB	Mineralöl/Gas	213.117
5	5	DaimlerChrysler	D	Automobil	151.616
6	6	General Motors	USA	Automobil	150.025
7	9	Toyota	J	Automobil	142.905
8	7	Chevron	USA	Mineralöl/Gas	141.336
9	10	Total	F	Mineralöl/Gas	132.689
10	11	Conoco-Philips	USA	Mineralöl/Gas	121.249
Weitere deutsche Konzerne unter den TOP 50 ...					
13	13	Volkswagen	D	Automobil	104.875
15	15	Siemens	D	Elektro & Technologie	87.325
27	39	E.ON	D	Versorger	64.197
33	23	Deutsche Telekom	D	Telekommunikation	61.347
35	50	Deutsche Post	D	Transport und Logistik	60.545
36	32	Metro	D	Handel	59.882
44	-	BASF	D	Chemie	52.610

Quelle: HB vom 30.07.2007

Gewinne der deutschen Kapitalgesellschaften
(2000–2006)

Jahr	Unternehmensgewinne	
	in Milliarden Euro	Veränderung zum Vorjahr in Prozent
2000	305	+ 5,6
2001	321	+ 5,2
2002	326	+ 1,6
2003	327	+ 0,3
2004	378	+ 15,6
2005	420	+ 11,1
2006	473	+ 12,6
2006/2000	+ 168	+ 55,1

Quelle: Statistisches Bundesamt, VGR, Tabelle 3.4.2/Eigene Berechnungen

Kursentwicklung der DAX-30-Unternehmen im Jahr 2006

Unternehmen	Kursentwicklung 2006 in Prozent zum Vorjahr
Adidas	- 5,7
Allianz SE	+ 21,0
Altana	+ 2,2
BASF	+ 14,1
Bayer	+ 15,2
BMW	+ 17,4
Commerzbank	+ 10,9
Continental	+ 17,5
DaimlerChrysler	+ 8,5
Deutsche Bank	+ 23,7
Deutsche Börse	+ 66,1
Deutsche Post	+ 11,5
Deutsche Postbank	+ 30,6
Deutsche Telekom	- 1,7
E.ON	+ 17,7
Fresenius	+ 13,4
Henkel	+ 31,2
Hypo Real Estate	+ 8,5
Infineon	+ 38,2
Linde	+ 25,3
Lufthansa	+ 66,7
MAN	+ 51,9
Metro	+ 18,4
Münchener Rück	+ 14,0
RWE	+ 33,5
SAP	+ 5,1
Siemens	+ 3,8
Thyssen-Krupp	+ 102,6
TUI	- 12,5
Volkswagen	+ 92,5

Quelle: Deutsche Börse

Die Schichtung der Einkommen

So viel Prozent der Arbeitnehmer/-innen verdienten im Jahr 2006 so viel Euro ...

Bruttogehälter pro Monat in Euro	Anteil der Arbeitnehmer/-innen in Prozent
über 10.000	0,41
9.001–10.000	0,24
8.001–9.000	0,50
7.001–8.000	0,96
6.001–7.000	1,52
5.001–6.000	3,49
4.001–5.000	9,02
3.001–4.000	20,10
2.501–3.000	15,53
2.001–2.500	20,27
1.501–2.000	14,88
1.001–1.500	9,96
1–1.000	3,13

Quelle: Erhebung des DIW, entnommen aus: Stern 29/2007, S. 49

Rente mit 67 – die geplante Regelung

Geburtsjahr	Rentenbeginn (ohne Abschläge)	Abschlag bei Rentenbeginn mit 65
1946 (und früher)	65 Jahre	0,0
1947	65 Jahre + 1 Monat	0,3
1948	65 Jahre + 2 Monate	0,6
1949	65 Jahre + 3 Monate	0,9
1950	65 Jahre + 4 Monate	1,2
1951	65 Jahre + 5 Monate	1,5
1952	65 Jahre + 6 Monate	1,8
1953	65 Jahre + 7 Monate	2,1
1954	65 Jahre + 8 Monate	2,4
1955	65 Jahre + 9 Monate	2,7
1956	65 Jahre + 10 Monate	3,0
1957	65 Jahre + 11 Monate	3,3
1958	66 Jahre	3,6
1959	66 Jahre + 2 Monate	4,2
1960	66 Jahre + 4 Monate	4,8
1961	66 Jahre + 6 Monate	5,4
1962	66 Jahre + 8 Monate	6,0
1963	66 Jahre + 10 Monate	6,6
1964	67 Jahre	7,2

Die 50 reichsten Deutschen
„Forbes-Liste", Stand März 2007

Nr.	Name	Vermögen in Mrd. $	Unternehmen/ Beteiligungen
1.	Karl Albrecht	20,0	Aldi-Süd
2.	Theo Albrecht	17,5	Aldi-Nord
3.	Michael Otto und Familie	13,3	Otto-Gruppe
4.	Adolf Merckle	12,8	Ratiopharm
5.	Susanne Klatten	9,6	BMW, Altana
6.	Reinhold Würth	9,0	Würth-Gruppe
7.	Fam. Schaeffler	8,7	Schaeffler-Gruppe
8.	August von Flick jr.	8,4	Investition
9.	Stefan Quandt	7,6	BMW
10.	Johanna Quandt	6,7	BMW
11.	Curt Engelhorn	6,4	Boehringer
12.	Hasso Plattner	6,0	SAP
13.	Erivan Haub und Familie	6,0	Tengelmann-Gruppe
14.	Klaus-Michael Kühne	5,9	Kühne + Nagel
15.	Karl-Heinz Kipp	5,7	Massa
16.	Madeleine Schickedanz	5,5	KarstadtQuelle
17.	Otto Beisheim	4,3	Metro
18.	Herbert Burda	4,3	Burda Media Verlag
19.	R. & M. Schmidt-Ruthenbeck	4,3	Metro
20.	Wolfgang Herz	4,0	Tchibo-Holding
21.	Michael Herz	4,0	Tchibo-Holding
22.	Andreas Strüngmann	4,0	Hexal
23.	Thomas Strüngmann	4,0	Hexal
24.	Anton Schlecker	3,8	Schlecker
25.	Reinhard Mohn und Familie	3,5	Bertelsmann
26.	Friede Springer	3,2	Springer Verlag
27.	Stefan Schörghuber	3,0	Schörghuber
28.	Otto Happel	3,0	GEA Group
29.	Klaus Tschira	3,0	SAP
30.	Axel Oberwelland	2,6	A. Storck KG
31.	Hugo Mann und Familie	2,6	Wertkauf
32.	Heinz Bauer	2,6	Bauer Verlag
33.	Heinz-Georg Deichmann	2,6	Deichmann
34.	Joachim Herz	2,5	Tchibo-Holding

35.	Hermann Schnabel	2,4	Helm AG
36.	Günter Herz	2,3	Tchibo-Holding
37.	Daniela Herz	2,2	Tchibo-Holding
38.	Eugen Viehof und Familie	2,1	Allkauf-Gruppe
39.	Albert Prinz von Thurn u. Taxis	2,0	Thurn und Taxis
40.	Andreas von Bechtolsheim	1,9	Sun Microsystems
41.	Sylvia Ströher	1,9	Wella
42.	Hans-Werner Hector	1,9	SAP
43.	Ingeborg Herz	1,8	Tchibo-Holding
44.	Rolf Gerling	1,7	Gerling
45.	Dieter Schnabel	1,6	Helm AG
46.	Martin Viessmann	1,5	Viessmann
47.	Paul Riegel	1,5	Haribo
48.	Hans Riegel	1,5	Haribo
49.	Peter Unger	1,3	Auto-Teile-Unger
50.	Anneliese Brost	1,3	WAZ-Gruppe

Quelle: Forbes

Ergänzung: In der Aufstellung von *Forbes* fehlt der Eigentümer der Fa. Lidl, Dieter Schwarz, der in der Liste des Manager-Magazins im Jahr 2006 mit 10,25 Milliarden Euro geführt wird und damit als drittreichster Deutscher gilt.

Literaturverzeichnis

Achten, Udo/Gerstenkorn, Petra/Menze, Holger;
  Recht auf Arbeit - Recht auf Faulheit, Düsseldorf 2007

Arbeitsgruppe Alternative Wirtschaftspolitik;
  Memorandum '99, Köln 1999

Arbeitsgruppe Alternative Wirtschaftspolitik;
  Memorandum 2001, Köln 2001

Arbeitsgruppe Alternative Wirtschaftspolitik;
  Memorandum 2007, Köln 2007

Arlt, Hans-Jürgen;
  Gute Arbeit bekommt einen Preis, in: werden 2007, S. 25 ff.

Arnold, Martin;
  Plastik-Hölle El Ejido, in: Mitbestimmung 7/2007, S. 35 ff.

Baethge, Martin/Wilkens, Ingrid;
  Die große Hoffnung für das 21. Jahrhundert? Perspektiven und Strategien für die Entwicklung der Dienstleistungsbeschäftigung, Opladen 2001

Beck, Dorothee/Meine, Hartmut;
  Wasserprediger und Weintrinker. Wie Reichtum vertuscht und Armut verdrängt wird, Göttingen 1997

Bispinck, Reinhard;
  Tarifpolitischer Jahresbericht 2006, in: WSI-Mitteilungen 2/2007, S. 55 ff.

BMA (Bundesministerium für Arbeit und Soziales);
  Sozialpolitische Informationen, 02/2007

BMA;
  Statistisches Taschenbuch 2006, Bonn 2006

BMGS (Bundesministerium für Gesundheit und Soziale Sicherung);
  Statistisches Jahrbuch 2006, Berlin 2007

Bontrup, Heinz;
  Arbeit, Kapital und Staat. Plädoyer für eine demokratische Wirtschaft, Köln 2005

Büschemann, Karl-Heinz;
  Die Angstmacher, in: Süddeutsche Zeitung vom 29.06.2007

Bundesagentur für Arbeit;
   Der Arbeits- und Ausbildungsmarkt in Deutschland, Juli 2007

Bunzenthal, Roland;
   Beschäftigung satt, in: Frankfurter Rundschau vom 31.08.2007

Butterwegge, Christoph;
   Krise und Zukunft des Sozialstaates, Wiesbaden 2005

Butterwegge, Christoph u.a.;
   Kritik des Neoliberalismus, Wiesbaden 2007

Butterwegge, Christoph;
   Rechtfertigung, Maßnahmen und Folgen einer neoliberalen (Sozial-)Politik, in: Butterwegge u.a.; Kritik des Neoliberalismus, S. 135 ff.

Butterwegge, Christoph/Klundt, Michael;
   Kinderarmut im internationalen Vergleich – Hintergründe, Folgen und Gegenmaßnahmen, in: WSI-Mitteilungen 6/2002, S. 326 ff.

Deutsche Rentenversicherung;
   Rentenversicherung in Zahlen 2007, Berlin 2007

Deutscher Bundestag;
   Lebenslagen in Deutschland – Zweiter Armuts- und Reichtumsbericht, Drucksache 15/5015, Berlin 2005

DGB-Bundesvorstand, Bereich Arbeitsmarktpolitik;
   Das „Zwei-Klassen-System" in der Arbeitsmarktpolitik, Berlin August 2007

DGB-Bundesvorstand;
   Globalisierung sozial gestalten – Internationale Arbeits- und Sozialstandards im Vergleich, Berlin 2007

DGB-Bundesvorstand;
   G8-Gipfel-Info, Berlin Juni 2007

DGB-Bundesvorstand;
   Grundsatzprogramm des Deutschen Gewerkschaftsbundes, Beschlossen auf dem 5. außerordentlichen Bundeskongress 1996 in Dresden

DGB-Bundesvorstand;
   Verteilungsbericht 2007, Berlin April 2007

DGB-Bundesvorstand;
   Weißbuch Alterssicherung: Alternativen zur Rente mit 67, Berlin o.J.

DIW; DIW-Wochenbericht 47/2004:
Entlohnungsgerechtigkeit in Deutschland? Hohes Ungerechtigkeitsempfinden bei Managergehältern

DIW; DIW-Wochenbericht 5/2007:
Unternehmensbesteuerung: trotz hoher Steuersätze mäßiges Aufkommen

DIW; DIW-Wochenbericht 13/2007:
Zunehmende Ungleichheit der Markteinkommen: Reale Zuwächse nur für Reiche

Dörre, Klaus;
Einfache Arbeit gleich prekäre Arbeit? in: FES (Hrsg.); Perspektiven der Erwerbsarbeit: Einfache Arbeit in Deutschland, Bonn 2007, S. 46 ff.

FES/TNS Infratest Sozialforschung;
Gesellschaft im Reformprozess, Foliensatz, Juli 2006

Geißler, Heiner;
Die Gier zerfrisst die Gehirne, in: Hebel/Kessler, S. 194 ff.

Germis, Carsten;
Sehnsucht nach mehr Gleichheit, in: FAS vom 12.08.2007

Giegold, Sven;
Globalisierung, in: Urban, Hans-Jürgen (Hrsg.); ABC zum Neoliberalismus, Hamburg 2006, S. 106 f.

Glaubitz, Jürgen;
Der Mensch als Kostenfaktor, Düsseldorf 2007

Glaubitz, Jürgen;
Hoffnungsträger oder Sorgenkind: Konzentration und Beschäftigung im Einzelhandel, in: Baethge/Wilkens, S. 181-205

Glaubitz, Jürgen;
Von Millionären und armen Schluckern, Düsseldorf 2005

Globalisierung – Gewinner/Verlierer, in: Der Spiegel Nr. 23 vom 04.06.2007

Groß, Hermann/Seifert, Hartmut/Sieglen, Georg;
Formen und Ausmaß verstärkter Arbeitszeitflexibilisierung, in: WSI-Mitteilungen 4/2007, S. 202 ff.

Hans-Böckler-Stiftung;
Standortverlagerungen in Deutschland, Düsseldorf 2007

Hans-Böckler-Stiftung;
Der Shareholder-Value-Ansatz, Arbeitshilfen für Aufsichtsräte Nr. 9, Düsseldorf 2005

Hans-Böckler-Stiftung;
Vorstandsvergütung, Arbeitshilfen für Aufsichtsräte Nr. 14, Düsseldorf 2006

Hebel, St./Kessler, W.;
Zukunft sozial: Wegweiser zu mehr Gerechtigkeit, Frankfurt/M. 2004

Hengsbach, Friedhelm/Möhring-Hesse, Matthias;
Aus der Schieflage heraus, Bonn 1999

Hesse, Martin;
Griff nach dem Mittelstand, in: Süddeutsche Zeitung vom 23.08.2007

Hickel, Rudolf;
Vom Rheinischen zum Turbo-Kapitalismus, in: Blätter für deutsche und internationale Politik, Heft 12/2006, S. 1470 ff.

Hickel, Rudolf;
Kassensturz. Sieben Gründe für eine andere Wirtschaftspolitik, Reinbek 2006

Hickel, Rudolf;
Finanzbullen statt Heuschrecken, in: Blätter für deutsche und internationale Politik, 6/2005, S. 672 ff.

Hierschel, Dierk;
Die Angst vor der Globalisierung, in: Süddeutsche Zeitung vom 07.03.2007

Hierschel, Dierk;
Einkommensreichtum und seine Ursachen, Marburg 2006

Horn, Gustav A.;
Sparwut und Sozialabbau, München, Wien 2005

Huffschmid, Jörg;
Auch Industrieländer brauchen regulierte Kapitalmärkte, in: WSI-Mitteilungen 12/2006, S. 690 ff.

Huster, Ernst-Ulrich;
Gesellschaftliche Funktionen von Reichtum, in: Armes reiches Deutschland, Jahrbuch Gerechtigkeit I, Frankfurt/M. 2005, S. 83 ff.

Huster, Ernst-Ulrich;
: Kinder zwischen Armut und Reichtum, in: Butterwegge, Christoph/Klundt, Michael; Kinderarmut und Generationengerechtigkeit, Opladen 2003, S. 43 ff.

IAB-Kurzbericht;
: Nr. 14/2007, Einmal arm, immer arm?

IAB-Kurzbericht;
: Nr. 15/2007, Ein robuster Aufschwung mit freundlichem Gesicht

IG Metall-Vorstand;
: Denk-Schrift fair teilen, Schwalbach 2000

IG Metall-Vorstand;
: Gute Arbeit unter Druck!? Gesünder arbeiten. Arbeitshilfe 12, Frankfurt/M. 2002

IG Metall-Vorstand;
: Soziale Verantwortung konkret. Regeln für multinationale Konzerne, Frankfurt/M. 2005

IG Metall-Vorstand;
: Wirtschaft aktuell, Nr. 15/2007 (Private Equity)

IG Metall-Vorstand/ver.di-Bundesvorstand;
: Sozialpolitische Informationen (sopoinfo), 2. Halbjahr 2007, Berlin und Frankfurt/M. Juni 2007

IMK-Report Viel Lärm um nichts? Düsseldorf 2007

inifes (Internationales Institut für empirische Sozialforschung);
: „Was ist gute Arbeit? Anforderungen aus der Sicht der Erwerbstätigen", Kurzfassung des Forschungsberichts, Stadtbergen 2006

isw (Institut für sozial-ökologische Wirtschaftsforschung);
: Armut und Reichtum in Deutschland, München 2006

Jakobs, Hans-Jürgen;
: Journalismus in Gefahr, in: Süddeutsche Zeitung vom 19.07.2007

Jarass, L., Obermair, G.M.;
: Steuerliche Aspekte der Aktivitäten von Private Equity Fonds und Hedge Fonds. Gutachten im Auftrag der Hans-Böckler-Stiftung, Wiesbaden Juli 2007

Jungbluth, Rüdiger;
: Geh mit Geld, in: Die Zeit vom 26.07.2007

Kamp, Lothar/Krieger, Alexandra;
Die Aktivitäten von Finanzinvestoren in Deutschland, Düsseldorf 2005

Kocyba, Hermann/Voswinkel, Stephan;
Krankheitsverleugnung – Das Janusgesicht sinkender Fehlzeiten, in: WSI-Mitteilungen 3/2007, S. 131 ff.

Kronauer, Martin;
Neue soziale Ungleichheiten und Ungerechtigkeitserfahrungen: Herausforderungen für eine Politik des Sozialen, in: WSI-Mitteilungen 7/2007, S. 365 ff.

Liedtke, Rüdiger;
Wem gehört die Republik? Die Konzerne und ihre Verflechtungen in der globalisierten Wirtschaft 2007, Frankfurt/M. 2006

Kalina, Thorsten/Weinkopf, Claudia;
Mindestens sechs Millionen Niedriglohnbeschäftigte in Deutschland, in: IAT-Report 3/2006, S. 1 ff.

Kamp, Lothar;
Mitbestimmung als Gegenspieler, in: Mitbestimmung 6/2006, S. 40 ff.

Keller, Berndt/Seifert, Hartmut;
Atypische Beschäftigungsverhältnisse: Flexibilität, soziale Sicherheit und Prekarität, in: WSI-Mitteilungen 5/2006, S. 235 ff.

Kronawitter, Georg;
Extra-Steuer für große Vermögen, in: Vorwärts 02/2007, S. 18

Liebert, Nicola;
Globalisierung, Steuervermeidung und Steuersenkungswettlauf, Weed-Arbeitspapier, Berlin 2004

Maisch, Michael;
Das Ende der großen Welle, in: Handelsblatt vom 10.07.2007

Manske, Alexandra/Heil, Vanessa;
Wenn Arbeit arm macht, in: Blätter für deutsche und internationale Politik, 8/2007, S. 995 ff.

Martin, Hans-Peter/Schumann, Harald;
Die Globalisierungsfalle, Reinbek 1997

Ministerium für Arbeit, Gesundheit und Soziales des Landes NRW,;
Sozialbericht NRW 2007, Düsseldorf 2007

Minkmar, Nils;
: Und, wann haben Sie Ihre erste Milliarde? In: Frankfurter Allgemeine Sonntagszeitung vom 05.08.2007

Müller, Mario;
: Der Maßstab des Glücks, in: Frankfurter Rundschau vom 09.07.2007

Müller, Mario;
: Rendite vor Moral, in: Frankfurter Rundschau vom 26.01.2007

Müller, Mario;
: Spendabel aus schlechtem Gewinnen, in: Frankfurter Rundschau vom 11.06.2007

Müller, Matthias;
: Managervergütung. Wachsamkeit bei den Millionen-Deals, in: Mitbestimmung 9/2006, S. 60 ff.

Negt, Oskar;
: Warum noch Gewerkschaften? Göttingen 2005

Pickshaus, Klaus;
: Arbeitspolitik im Umbruch – „Gute Arbeit" als neuer strategischer Ansatz, in: 13. isw-forum, Zukunft der Arbeit, München 2005, S. 31 ff.

Reuter, Norbert;
: Die ENA-Formel, in: werden 2007, S. 61 ff.

Reuter, Norbert;
: Wachstumseuphorie und Verteilungsrealität, Marburg 2007

Schettkat, Ronald;
: Sind 3 Euro schon zu viel? Aufklärendes zu Lohnspreizung und Beschäftigung, in: WSI-Mitteilungen 6/2007, S. 335 ff.

Schlautmann, C.;
: Bis aufs Teppichmesser, in: Handelsblatt vom 25.07.2007

Schuldenreport 2006;
: Schriftenreihe des Verbraucherzentrale Bundesverbandes zur Verbraucherpolitik, Band 7, Berlin 2006

Segbers, Franz;
: Zähmung der Habsucht, in: Armes reiches Deutschland, Jahrbuch Gerechtigkeit I, Frankfurt/M. 2005, S. 69 ff.

Seifert, Hartmut;
   Was hat die Flexibilisierung des Arbeitsmarktes gebracht? in: WSI-Mitteilungen 11/2006, S. 601 ff.

Sievers, Markus;
   Das neue Denken nach Hartz, in: Frankfurter Rundschau vom 13.08.2007

Sievers, Markus;
   Die Angst der Mittelschicht, in: Frankfurter Rundschau vom 05.03.2007

Statistisches Bundesamt;
   Armut und Lebensbedingungen. Ergebnisse aus LEBEN IN EUROPA für Deutschland 2005, Wiesbaden 2006

Statistisches Bundesamt;
   Gehalts- und Lohnstrukturerhebung 2001 – Verdienste nach Berufen, Wiesbaden 2006

Statistisches Bundesamt;
   Volkswirtschaftliche Gesamtrechnungen 2006, Stand Mai 2007. Fachserie 18, Reihe 1.4, Wiesbaden 2007

Statistisches Bundesamt;
   Wirtschaft und Statistik 8/2006, Strukturdaten des Einzelhandels im Jahr 2003, Wiesbaden 2006

Sterkel, Gabriele/Schulten, Thorsten/Wiedemuth, Jörg;
   Mindestlöhne gegen Lohndumping, Hamburg 2006

Stern Nr. 29/2007;
   Der große Gehaltsreport. Wer verdient wie viel in Deutschland?

Transparency International;
   Korruptionsbarometer 2006

ver.di-Bundesvorstand – Tarifpolitische Grundsatzabteilung;
   Arbeitshilfe Leiharbeit, Berlin 2007

ver.di-Bundesvorstand;
   Konzept Steuergerechtigkeit, Berlin 2004

ver.di-Bundesvorstand;
   Soziale Verantwortung in transnationalen Unternehmen? Berlin 2006

ver.di-Bundesvorstand;
   Billig auf Kosten der Beschäftigten – Schwarz-Buch Lidl, Berlin o.J.

Voth, Hans-Joachim;
: Transparenz und Fairness auf einem einheitlichen europäischen Kapitalmarkt, Studie im Auftrag der HBS, Düsseldorf Juli 2007

Wagner, Gert G.;
: Das zentrale Problem der Ungleichheit, in: Handelsblatt vom 19.07.2007

Weltwirtschaft, Ökologie & Entwicklung e.V. (WEED);
: Globalisierung und Steuergerechtigkeit, Konferenzdokumentation, Berlin 2005

Wetzel, Detlef;
: Gleiche Arbeit, gleiches Geld, in: Financial Times Deutschland vom 05.09.2007

WSI;
: Tarifpolitscher Jahresbericht 2006, Düsseldorf 2007

WSI;
: Tarifhandbuch 2006, Düsseldorf 2007

Wichtige Internetadressen

Gewerkschaften/Institute	
Deutscher Gewerkschaftsbund	www.dgb.de
ver.di-Bundesverwaltung	www.verdi.de
IG Metall	www.igmetall.de
Hans-Böckler-Stiftung (HBS)	www.boeckler.de
ver.di Bildung + Beratung	www.verdi-bub.de
Gewerkschaftliche Info-Dienste	
Infoservice von ver.di	www.verdi-news.de
Info-Dienst der HBS	www.boecklerimpuls.de
Info-Dienst des DGB	www.einblick.dgb.de
Kritische Informationen zu aktuellen Themen	
Memorandum-Gruppe	www.memo.uni-bremen.de
Kritische Website von Albrecht Müller u.a.	www.nachdenkseiten.de
Aktuelle Informationen zur Sozialpolitik	www.sozialpolitik-aktuell.de
Arbeitnehmerkammer Bremen	www.arbeitnehmerkammer.de
Statistische Basisinformationen	
Statistisches Bundesamt	www.destatis.de
Bundesagentur für Arbeit	www.arbeitsagentur.de
Wissenschaftliche Institute	
Wirtschafts- und Sozialwissenschaftliches Institut in der HBS	www.wsi.de
Institut für Arbeitsmarkt- und Berufsforschung (der Bundesagentur)	www.iab.de
Deutsches Institut für Wirtschaftsforschung (DIW)	www.diw.de
Institut für Makroökonomie und Konjunkturforschung (IMK)	www.boeckler.de
Informationen für Erwerbslose	
Koordinierungsstelle für gewerkschaftliche Arbeitsloseninitiativen	www.erwerbslos.de
Aktuelle Informationen zu Hartz IV, Sozialhilfe und zur Grundsicherung	www.tacheles-sozialhilfe.de